重返大厂

创业治好了我的上班焦虑

罗　量　著

中国青年出版社

引 言

重回职场那一天

今天是我入职新公司的第一天，职位是某上市公司核心业务的公域增长负责人。

时隔一年半，我从自负盈亏、独当一面的创业者，重新变回了一个高级打工人。HR 小哥哥全程陪我办理入职手续，我踩在柔软的地毯上，环视着宽敞明亮的办公区，在不同楼层间来回穿梭，领资料、拿电脑，不禁回想起过去一年半跌宕起伏的创业经历，虽然没有创业十几年那种宽阔的阅历与跨度，但也让我在重回职场的这一刻，产生了一种恍如隔世般的复杂感觉。

1

说来也巧，我决定创业那一年刚好30岁。

不知道为什么，30岁似乎是很多人身上一个神奇的开关，

在这一年突然会有一些"奇怪的觉醒"，莫名其妙地想要"做自己"，想要挑战某些"想做又不敢做的事"，我身边的朋友有的会去蹦极，有的裸辞体验 Gap Year，而我选择了身体、精神、金钱上三重 Hard 模式——创业。

我22岁毕业，在职场工作了8年。比较幸运的是，由于努力和机遇，我在这8年一直处于职业上升期，离职创业前，也做到了某教育公司的市场总监，可我心里总有一个声音：想要自己做点什么。

这种"想要"比较复杂，一方面，想挑战一下自己，看看我能不能真的独当一面，能不能真的做起来一个还不错的公司；另一方面，我内心深处也想创造一份真正属于自己的事业，能够以后"只为自己打工"。

在离职创业前，我采访了不少身边年龄相仿的创业者，更准确地说，都不能称之为"创业"，他们更愿意称自己为"个体户"，比如，开个小店、做自媒体博主接广告挣钱。

神奇的是，当他们还在职场中时状态是类似的，一旦开始创业或成为个体户一段时间，他们的状态差异就会非常大：有特别开心的，觉得收入没少但更自由了；有觉得一般般的，干啥都有烦心事；也有觉得还不如回去上班的，上班起码收入是稳定的。

但无一例外的是，后悔自己出来折腾的人很少，即使他们又回去上班了，也不后悔曾经折腾过，有点类似我此刻重新入职的状态。

山本耀司说："自我这个东西是看不见的，需要不断撞上一些别的什么，反弹回来，才会了解自己。跟很强的东西、可怕的东西、高水准的东西碰撞，然后才看见自己。" 即使失败，即使很多人有金钱、时间的损失，但通过这些经历，更能看见自我以及自我的边界，恐怕这才是创业最大的收获。

不过，这好像就是中年人某种"共同的悸动"，好像被时间推着到了某个分岔口，可能是出于厌倦，可能是出于对老路的悲观，总之是不想再沿着老路往前走了，可又对岔路中未知的艰辛与风景充满迷惘、恐惧和无限遐想。但其实这也可能只是一个"我们想象出的岔路口"，它并不是真实地横亘在我们成长的物理时间线上，反而更像是我们对生活的某种神奇隐喻，也就是说，当我们真的选择另一种看起来不一样的生活时，岔路就出现了。

我就这样怀揣着复杂的心情与遐想，开始了一次完全不同于"打工人"的体验，开始自己做老板了，开始了想要"创造某些东西"的创业之路。事实上，我确实创造了许多，也见到了许多风景，但它们几乎都与我预想的不一样。

从创业伊始到最后结束的一年半里，我仿佛进入了某种时间的虫洞，时间的速度变快了，但时间的宽度却变宽了，同一个时间刻度下被揉进了好多的事。其间有许多困难与突破、自信与崩溃、复盘与思考，待我之后慢慢道来。

值得一提的是，与开始创业相比，"关掉公司"是一个更难作出的决策，如果创业的开始是理性分析与感性冲动的双重助力，那创业的结束往往就是理性分析与感性不舍的对抗博弈。如何结束，也是我在创业过程中学到的重要一课。

2

与很多新入职的同学一样，HR 先是带着我与部门的同事挨个打了个招呼。每当同事问起我之前是做什么的，我的自我介绍里总是避不开这一段创业的经历，但我总会下意识地轻描淡写一笔带过，可"创业"好像是一个非常引人注目的字眼，每当同事们听到这个关键词时，不知道是否出于客气，总是发出"哇哦，你创过业呀，好厉害呀"之类的赞叹。

在我刚入职的一段时间里，我非常不愿提起这一段并不成功的创业经历，每每聊到这里，我总是不自觉地想岔开话题。

不仅如此，我也曾一度羞于告知我的朋友们我重回职场上班了，这仿佛意味着某种我暂时不愿意承认的失败。我一直以来"一路高歌的职场进击之路"以及别人时常"觉得我很不错"的人设枷锁，让我在决定中止创业这件事上有远超理性判断的游离与拖延，这其实就是某种不自信。

我曾以为自己需要一段较长的新职场周期，甚至一项新的职场成就，来修复这种不自信，从而能更坦然坚定、从容自信地与别人重新谈起这段并不成功的创业经历，但其实，自信重塑的时间比我想象中的短很多。

投入新的工作后，我能明显感受到过去一年多的创业经历对我心理成熟度、思考深度、决策与判断力的正向影响，以至于我在重回职场的第一周，就能明显感受到"我与周围的人不一样"，我似乎有一种平静的自信。与创业时身兼救火队长、方向决策者、员工鼓励师的煎熬相比，重新上班简直简单到幸福感爆棚。我在思考、决策、情绪处理等各个方面，像一根皮筋一样被拉长了，拉长的过程完全不自知，现在回过头来，才恍然大悟。

在入职当天办完所有的手续、跟部门同事都认识了一遍之后，我终于坐在了自己的工位上。这种感觉是如此的熟悉又陌生，虽然结束创业是一个深思熟虑后的决定，可当我真的坐到新公司工位的这一刻，才算是真正物理意义上的正式回归职场。

我稍微擦拭了一下办公桌，打开刚刚领取的崭新的MacBook，我知道一段新的旅程开始了。在之后的一段时间里，我逐步后知后觉地感受到，我的创业旅程其实并没有终止，它只是以另一种形式与我时刻共存着。

目　录

第二部分

以最悲观的心态，做最乐观的努力

第一部分

离职创业，
迈向我想要的新生活

01

创业第一关，竟然是拼酒量？

初访工厂

高铁到站了，江南地区的金秋十月，阳光像锡纸一样薄。

我拎着行李箱兴致勃勃地走出高铁站，工厂的小哥已经在出站口等着了，我远远地就看见他向我招手。我心想，有熟人推荐的待遇就是好啊，也不知道向工厂引荐我的那位 CEO 朋友是向对方吹了多大的牛，他们都来高铁站接了，我一会儿可得好好展示展示专业水准，得"名副其实"才行啊。

出了高铁闸机，我猛吸了一口湿漉漉的空气，微笑着大步朝对方走去，风从看不见的地方吹来，又快速消散在了人群里。

小哥一把接过我的行李箱，又在原地寒暄了几句，我想着赶紧趁热打铁，说："走呗，咱去工厂看看，好好聊聊。"

"不急不急，咱先吃饭，吃好了再聊。"

我一看表，这不才下午 3 点吗，吃的是哪门子的饭啊，再说，先聊后吃不正好吗？经验丰富的销售小哥瞬间看出了我的疑惑，赶忙说道："罗老师，您这一路辛苦了，我先送您去酒店休息一会儿，一会儿我去接您吃晚饭，我们的 X 总说要亲自接待您呢。"

"非要先吃吗，这不耽误事儿吗？"不过我也就是在心里嘀咕一下，想着，第一天还是入乡随俗地好。

到了酒店，我赶紧给我那位 CEO 朋友打了个电话："这整的是哪出啊？"

他听完哈哈一笑："人家不说了嘛，老总要亲自接待你，说明很重视你啊。"

"就不能先聊后吃吗？"

"不不不，重点不是先吃饭，重点是，得先喝酒。"

"啊？"

他向我解释道："去工厂聊生意，喝酒是一个硬性的社交门槛，也不是人家故意要为难你，相反，这就是他们的待客之道，越是想表达对你的重视，越要让你喝高兴了。"

我叹了一口气："行吧，那我在酒桌上应该说点什么吗，或者，有什么不能说的吗？"

"没事儿，你就做自己就好了，你这性格多好、多敞亮、多招人喜欢呀！"

我隔着电话翻了一个白眼。

他可能听着我的语气有点儿沮丧，赶紧补充了一句："喝酒其实也不是什么坏事儿，前一天晚上喝到位了，第二天事情就好聊了。"

我挂了电话，唯一的愿望就是：可千万别喝白的啊。

酒局初体验

大概晚上 6 点，我随工厂小哥来到一个"气势恢宏"的饭店，一看就很有排面儿的那种。

工厂一般都在十八线小城市，因为人力便宜，地也便宜。这种城市适合招待客户的地儿一般就两类，你要是跟他们没那么熟，他们就会带你去一个装修非常豪华、摆盘非常讲究、口味中规中矩的地方，再上几瓶好酒，特别有排面儿。

等到你跟他们熟了之后，他们就会带你去那种装修看起来很普通，七拐八拐才能到的小饭店，但是食材可真是能让你开了眼。比如，一个看起来挺正常的东北铁锅炖，愣是往里下海参鲍鱼大甲鱼，你会感觉下进锅里的那一刻，海参和鲍鱼都是蒙的：这是我该来的地儿吗？——不过这都是后话了，我得先把今晚这个酒局应付过去。

还真是怕什么来什么，工厂老总见到我，第一句话就是："罗老师，久仰久仰，咱今天一定得吃好喝好了。"我一看，果然，桌上全是白酒。

我补充说明一下，找工厂订货，明明我们是掏钱的甲方，本来应该很硬气，怎么反而跟求着工厂似的？其实，虽说我们是甲方，但像我们这种初创公司，订单量非常小，其实就是个芝麻大的小客户，极有可能出现生产排期时间靠后、临时插单插不进去、出了问题找不到人及时解决等问题。所以，我这属于半甲半乙吧，得让工厂老总们觉得我是一个有潜力的客户，这样他们的配合度才会更高，颇有一点"画大饼"的意思。

不过我酒量确实很菜，加上我几乎不怎么喝白酒，两杯白酒下肚，就感觉有点晕晕乎乎的了。老总们借着寒暄打趣，问了我一堆问题，总结下来，这些问题都逃不出哲学三问：你是谁？你从哪儿来？要到哪儿去？

翻译过来就是：以前是做什么的？为什么来做宠物产品？准备做多大规模？

再直白一点就是：以前厉害吗？来干宠物是心血来潮还是经过深思熟虑？你觉得自己能干多大？

我当时虽然喝得有点儿晕，但还算清醒，我很犹豫要不要装装大尾巴狼，把牛吹得大一点儿，不过我想起昨天下午电话里那句让我翻白眼的话，"你就做自己就好了，你这性格多好、多敞亮、多招人喜欢呀"，于是乎，我说的都是大实话。

第一，以前干教育的，没干过宠物，但我是专业干增长的，也是前公司最年轻的市场总监，还是有两把刷子的。

第二，干宠物是因为喜欢，也做了大半年调研了，而且是我自己投钱进来做的，当然是经过深思熟虑的。

第三，至于能干多大，我真不知道，希望第一年不要"挂掉"吧。

不知道是不是大哥们没碰到过说"不知道能做多大"的，我一说完，感觉给他们有点儿整不会了，一时不知道该问啥。按常理，不知道该问啥的时候，就该喝酒了，于是我咕咚咕咚又是几杯酒下肚，惨了，比刚才更晕了，还有点儿想吐。

虽说是熟人介绍，但终归是第一次见面，我一个姑娘家家的出来喝酒，基本的安全意识还是有的。虽然酒桌上推杯换盏得很频繁，但我尽量把节奏拖得慢一点，时不时就来一句"实在是喝不动了""让我缓一缓""一会儿喝一会儿喝"……

酒喝得越深，话匣子就聊得越开，中年大哥们涨红了脸颊，说话的声音明显比刚才洪亮了许多，话也更密了。宏观的聊完了，就要深入细节了。比如，他们开始问我，怎么看某某品牌，怎么看某某产品，怎么看大盘的波动，准备做哪些产品，一口气问了好几个问题，给我整得不知道该从哪儿说起，看来真的是快喝到位了。

不过我也有点儿上头了，开始不停地叨叨，我都感觉他们并不是真的想问我的看法，是想知道我的看法与他们的是否一致。具体说了什么我也记不太清了，只记得我半道儿还晕晕乎乎地掏出手机，对着一个 Excel 滔滔不绝地讲了半天。不过我有一个核心观点，也是我的大实话：先找一个小众品类切进去，否则竞争这么激烈，我凭什么有机会？以及，不要过于关注大盘，在我做到行业前 20 之前，大盘的波动跟我一点儿关系都没有。

可能是我讲得确实很真诚，老总们听得津津有味，不断地要跟我碰杯，那天晚上，我们从 6 点吃到将近 11 点，下酒的凉菜加了一波又一波。

回酒店时虽然有点头晕但还算清醒，我还给那位 CEO 朋友发了条嘚瑟的微信："我感觉我酒量涨了。"他发来一个点赞的表情并让我好好休息。不过后来我才知道，这位 CEO 朋友叮嘱他们要多照顾我，说我日常都不喝酒的，这次去为了表示重视才喝的，一个姑娘家家的别真喝太多，让他们"意思意思"就行了，看来老总们也是手下留情了。

为什么做宠物食品

稍微补充一下背景信息，我创业做的是宠物行业，身边的朋友大多觉得惊奇。

我过去的经验几乎都在互联网、教育两个行业，所有人都以为我创业要么做个互联网软件，要么做个教育类的产品，谁承想，我创业竟然干了一个自己从未干过的行业：宠物食品，更准确地说，是猫粮、猫罐头等。我做消费品的念头确实由来已久，不过第一次接触消费品行为就是以创业的形式，多少还是有些莽撞与自我高估。

萌生了做消费品的想法后，我调研了很多行业，最终选定了宠物食品入局，大概有这么几点考虑：

首先，从细分行业上看，我只想选高复购率的行业。

宠物主粮（如猫粮、狗粮）是产品复购率非常高的行业，几乎能排到消费品行业复购率 Top10。它很像婴儿奶粉，妈妈是不会随便给孩子换奶粉品牌的，即使看到更诱人的奶粉广告，也会十分犹豫，考虑适配性与替换成本。猫粮、狗粮与此类似，替换成本极高，所以复购率也极高。

为什么我把"高复购率"作为最重要的行业选择依据？首先，因为复购率高的行业，才不会出现"劣币驱逐良币"。复购率天然较低的行业，比如，景区门口的餐馆，他根本不在乎你是否复购，所以就会更倾向于"一单挣到足够多的钱"，行业更倾向于恶性竞争；反之，复购率高的行业，大家才倾向于拼口碑，口碑好才有更长效的价值。

其次，我养猫，我自己就是一个很典型的用户。

做一个"自己就是用户"的产品很重要，这让你在决策时，可以进行理性、感性双重校验。你不仅可以用到"用户访谈、市场调研"等量化数据做参考；更重要的是，你内心会有某种直觉，互联网圈喜欢把这种直觉叫作"用户感"。听起来有点玄乎，但确实很重要，其本质是你更能洞悉一般用户的痛点和 High 点。试想一下，若此刻让不爱吃甜食的我做一款甜品，我就只能基于那些看起来很科学，但实际上并无太大意义的"市场调研数据"作出判断。其实，大部分数据只能作后验的归因，无法指导产品创新。产品创新需要"你是用户"，需要"你能体察到他们的痛点"，倘若我本身就爱吃甜食，那我完全可以做一款我自己就很喜欢吃的甜品，首先确保它是好吃的，然后尝试找到它的受众。

再者，在消费品中，宠物食品的资金进入门槛相对较低。

至于其他消费品，你但凡想要做一批自己的产品，动辄投入上百万，而宠物食品整体的生产成本并不高，所以有个十几万就能产出第一批产品了。这对于当时没有融资的我来说，也是一种相对低资金风险的选择。我当时想，我拿出 30 万左右的启动资金，然后通过不断卖货、回流资金、再生产新货，逐步就能把这个盘子滚起来。但实际上，这是非常天真的想法，这个我们之后展开说。

最后，宠物行业产品同质化，本质是拼营销。嘿嘿，这不是撞我枪口上了吗？

宠物食品的产业模式是，品牌方找代工厂生产，研发、专利持有都是在工厂侧，也就是说，如果某工厂研制出一个畅销的猫粮配方，他没有理由只给 A 品牌生产，不给 B 品牌生产。说得更直白一点，我可以把某某品牌的猫粮，直接放到我的袋子里，因为品牌方不对这个配方享有专利权，而工厂没有理由不给别家生产，毕竟它要的是出货量，因此，除了极少数自有工厂的超级头部玩家，其他任何品牌的产品，都是没有稀缺性的——产品如此同质化，那不就是拼营销吗？我天真地觉得，对于一直在不同公司里做增长负责人的

我来说，这不就是撞到我枪口上了吗？

虽然我自认为是"深思熟虑"后才开始创业行动的，但回过头来看，在当时那个节点，我确实低估了这个行业的难度，也低估了自己即将要交的各种各样的"学费"。

关键在于引荐

第二天，我在酒店的床上晕晕乎乎地醒来，工厂的销售小哥已经在来酒店接我的路上了。我两一见面，他先是询问我昨晚休息得好不好，然后一边开车门一边说："X 总觉得您昨天说得特别好，特意叮嘱我们，您的订单和产品一定要照顾到位，不能出任何纰漏。走吧，罗老师，我这就带您去工厂好好看看。"

我坐在副驾上，可能是经过昨天熟络了起来，他露出了难得的朴实的微笑："罗老师，您还真挺不一样的，我们这迎来送往的，到处都是装大尾巴狼的，像您这种性格的，还真不多。"

我酒还没醒，头晕得厉害，也没顾得上问他觉得我是什么性格。开车去工厂大约要半小时，今天的天气虽不似昨日那般明媚，但也算得上舒心。我坐在车上，看着这个城市的行人和车辆从我眼前闪过，我晕乎乎地长舒了一口气："这酒总算没白喝。"

我那位 CEO 朋友确实没骗我，前一天晚上喝到位了，第二天事情确实更好聊一些。昨晚觥筹交错之后，今天再见面都莫名地感觉更亲近一些，昨晚喝了多少杯酒，今天就握了多少次手。

这让我联想到了金庸武侠小说里的情景：上战场或打群架之前，内部都要先歃血为盟，割破手掌喝个血酒，好像这样真打起架来，他们才能更加信任彼此。这种玄学一般的仪式仿佛能产生某种神奇的黏性与连接——先喝酒再聊事的底层逻辑，大抵也是如此吧。

后续的产品进展确实还算顺利。不过，我当时觉得是因为我社交水平在线，在酒桌上给人家说得明明白白、服服帖帖的，所以一切就比较顺利。但现在回过头来看，其实也不是喝了酒人家就会照顾你，不然这生意做得也未免太轻松了。我在前期能够跟工厂合作得如此顺利，那位 CEO 朋友的引荐确实功不可没。

这个世界并不是像绝大多数人想的那样，在你还是个无名小卒时，只要展现出来的品质足够优秀，大家就会认可你的潜力，甚至为你的潜力买单——恰恰相反，大部分时候的运行规则是"你得先做出成绩，我才会相信你"，资源总是会向强者聚集。在我啥也没有的时候，一个靠谱的人的介绍和背书至关重要。不过这也是我很久之后才反应过来的。人啊，只要稍不留神儿，就会把成功归因于自己。

但回过头来说，我有这位 CEO 朋友的引荐，是运气好吗？——是，也不是。

"运气"这个东西，往往是弱者的借口、强者的谦辞。投资人总说"投资是认知的变现"，其实人脉与资源也是，你当下获得的一切，其实都是你过去积累的变现。

在过去 8 年的打工生涯中，我确实在职场中展现出不错的能力，得到很多同行、前辈的认可。在我逐步变强之后，那些我曾经觉得遥不可及的厉害的人，也能逐步变成还不错的朋友，他们对我的认可，才是引荐的前提，而这不是靠运气能获得的。不过这里面确实也有运气的成分，真正的运气不在于我能被 CEO 引荐，而在于我确实恰好认识一位在宠物行业做得还不错的 CEO 朋友。

乔布斯说，人生就是一个"连点成线"的过程，你不知道你当下的哪些积累会对未来的哪件事有帮助，但努力在当下的阶段提升自己，在每一次与他人的交流与沟通中都能展示良好的认知与专业水平，可能是年少的我们能做的积累与努力吧。

顺便说一下，如果正在看这篇文章的你，也想要创业，但没有靠谱的朋友引荐怎么办？别无他法，只能厚着脸皮上。朋友引荐确实能建立一道前置信任，但这种信任能否长久，还是要看后续的订单量。所以，如果没有朋友引荐，即使前期没那么顺畅，但只要你的出货量稳定，跟工厂打起交道来也还是比较容易的。

当爱好变成职业

在那次酒局之后相当长的一段时间里，我都泡在工厂里不断地选原料、调配方、做测试。做宠物食品，一方面，要了解猫的消化系统，能吃什么，不能吃什么，吃什么好，吃什么不好，剂量多少合适；另一方面，也要了解原料、工艺、成本，什么能做，什么不能做，每种原料成本多少。

我发现，无论什么爱好，一旦变成工作，大概率不会像我们想象中那样愉悦。喜欢猫跟研究宠物食品完全是两回事，就像喜欢看书和开书店是两回事，喜欢旅游和开青年旅舍也是两回事。

做宠物食品要不断看配方、做实验、做检测，开书店也要考虑选址、装修、成本、销量等。无论什么兴趣爱好，当你把它作为生意经营的第一天，大量枯燥的专业知识与烦琐的经营细节就会扑面而来。创业让人成长，当你决定创业的那一刻，起码要了解目标行业基本的商业模式，计算需要投入多少成本，了解大部分人是亏了还是赚了，一定要做好充足的调研与心理准备，不要因为爱好就冲动创业。

即使前期有大量的调研与心理准备，实际落地过程大概率也不会像创业之初规划的那样"理想主义"。比如，我在做猫粮配方时就没有办法把原料配比做到顶配，因为这样成本会很高，相应的定价就非常高，但作为一个小品牌，又卖不了这么高的价格。打磨配方的过程也是一个权衡配方与定价的过程，创业初期那种"我要做一款全世界最好的猫粮"的想法马上就被现实无情地冲击。

我有一个很爱读书的朋友，她从小就梦想着开一间小书店，不用太大，位置和装修都不用太好，不打广告，酒香不怕巷子深，店里只放自己喜欢的书，吸引一些同频的顾客，俨然当代版"往来无白丁的陋室"。后来她稍微富裕了些，也真的这么做了，但她发现不打广告就是没人来，她喜欢的书就是没有畅销书好卖，硬挺了半年，经营状况惨淡，几近破产。后来她终于扛不住了，开始在各个地方打广告、做活动，也"引进"了很多自己不喜欢的畅销书，虽然生意慢慢好了起来，可她逐渐觉得索然无味，甚至看书也没有以前那么享受了。

与"努力把爱好做成职业"相反，如今我甚至会劝大家谨慎把爱好发展成职业。就像我以前经常打趣说，不要轻易去偶像的公司入职，否则，当你决定离职的时候，不仅会失去一份工作，还会失去一个偶像，爱好也是如此。

言归正传，经过两个月枯燥的配方测试、配方与定价的极致心理拉扯，我们的原料、配方、样品基本敲定了。产品确定的那天下午，我一个人走在偌大的厂区里，那会儿已经入冬了，寒风毫无遮挡地迎面向我扑来，我擦了擦眼镜上的雾气，抬头望着明晃晃的天空，觉得，一切终于要开始了。

02
第一次做主播，还是在半夜

"天阶夜色凉如水"，在没有暖气的直播的深夜，这句诗变得具象起来。

我一边与工厂调整、测试产品配方，一边准备在媒体平台做账号。是的，我决定创业之初要亲自上，亲自在抖音拍短视频，亲自直播带货，自己给自己代言，既能近距离与用户交流，又能省下广告费。我选择抖音作为第一站，想在产品面世之前做个创始人账号，用好内容先吸引第一波种子用户。

短视频拍什么

虽然抖音竞争很激烈，但不管怎样还是得动起来。于是我注册了账号，和大多数博主一样，我也是先拍短视频。可短视频拍什么内容呢，是讲干货，还是演剧情，还是戳情感？我也不知道，都试试吧。

分享一个很有效的测试方法：选择几个内容方向，每个方向先拍5~10条视频，不一定有某个方向数据极好，但肯定有某个方向数据极差，把数据极差的方向剔除掉，在剩下的方向接着加量测试，如果中途有新的想要测试的方向也没关系，直接加进来一起测试。这样一来，通过逐步地汰换，基本就能测试出还不错的1~2个内容方向了。

不过，这需要下苦功夫。我当时测了七八个方向：干货的、煽情的、搞笑的、剧情的、讲知识点的、做实验的、以我为主体的、以猫为主体的，等等。很多人做账号日更1条就觉得自己很努力了，而我当时是日更3条，一个月足足发了将近100条短视频，这样有助于我在最短时间内拿到足够多的反馈数据。哼哼，这才叫努力。

很多没有真正干过营销的人，会天真地以为好的营销就是能徒手打造一个爆款，恨不得发几条视频就能喜提热搜、登上榜首、获得上亿播放量。在我看来，营销首先需要下苦功夫，好的营销是指你有思路、有结构、有框架，知道如何去迭代内容，框架搭起来之后就是漫长的试错与迭代。可能会有爆款，可能不会有，而且极大概率不会有。除非你有足够多的钱去买曝光，否则爆款几乎是不可预期的，我们追求的应该是日复一日的数据慢慢变好，而不是突然有一天出现爆发式的增长。

最后测试下来，我发现有两个方向的数据较好：一是讲知识干货，互动与留言会更多；二是讲猫和人的情感，播放和点赞会更多。我比较难取舍，但没关系，接下来就要进行下一个环节了——直播。

你可能会疑惑：视频与直播的关系是什么？视频要做到什么程度才能开始直播？如果不想拍视频，直接直播可以吗？

我的经验是：视频和直播相辅相成。比如，大家通过视频认识你，你开直播时大家也会更倾向于停下来听你在讲些什么；反之亦然，经常看你直播的人，刷到你的视频也会下意识地多看两眼。不过，视频和直播虽然有关，但关系也仅限于"让人多看两眼"，从流量分配的逻辑上看二者还是相对独立的，你可以只做视频也可以只做直播。

总而言之，视频和直播都是一种触达用户的内容介质，他们是否喜欢你的视频，是否会在你的直播间停留、互动，还是要看你是否输出了有价值的内容。

至于有多少粉丝能开播，其实多少都可以，不外乎就是粉丝多一些，初始阶段直播间人就多一些；粉丝少一些，初始直播间人就少一些，仅此而已。

我开直播的时候抖音只有不到 3000 个粉丝，那是在 2022 年底。为什么那个时候就着手开直播了呢？我想试试在直播间讲干货更受欢迎，还是讲情感更受欢迎，毕竟二者的视频反馈不相上下，开直播的感受会更强烈，数据反馈也更及时。

我以为自己想得挺透彻了，但没想到的是，直播是一个比拍视频煎熬太多的过程。

第一次做主播

商场如战场，啥事儿都讲究个竞争。

首先是时间的选择。按我以前的经验，新号半夜开播成功率更高，不过得是凌晨 2 点到 3 点的那种"半夜"。因为半夜刷手机的人虽然没有白天多，但开播的直播间更少，从竞争的维度来看，竞争力较弱的新直播间，反而能获得更多的曝光量。

其次是话题的选择。我决定用直播的形式，测试一下干货和情感哪类话题更适合我。我发现当时比较受欢迎的宠物博主讲情感的不少，比如，猫与人的故事之类的话题，直播

在线人数也比较多，于是决定模仿他们先从这个方向试试。

我记得第一次直播的晚上，不知怎么的突然降温了，明明不大的雨，愣是被妖风吹得张牙舞爪。我哆哆嗦嗦地小跑回家，一进屋都来不及换鞋，赶紧从怀里掏出刚打印好的几张字密密麻麻的 A4 纸，都是晚上直播要讲的稿子，还是热乎的。

我在以前的公司也管理过主播团队，虽然自己没播过，可我打心底觉得这不是什么难事，而且我准备得也算是比较充分了，应该问题不大。

虽然脑子认为准备得很好，可身体还是很诚实的。我第一次坐在摄像头前准备开播时，仍然非常紧张，心跳加速，像极了窗外越下越大的雨，我把鼠标放在"开始直播"按钮上，足足停了有 10 分钟，才点了下去。

不过事实证明，你完全不用担心别人会怎么看你，因为根本没有人在看你。

那天我直播了 1 小时，直播间一共只来了 20 个人，平均在线人数 2 人，还有 1 个是我的小号。啊，我心态崩了——我有想过人不多，但没想到这么少！不过，你可能想不到，结束直播后我的第一反应竟是：还好是半夜，不然被前同事看到就俩人在线，多丢人啊！啊，我这该死的自尊心。

我这才知道，直播间没人是一种多可怕的体验。你会丧失说话对象与目标，会茫然，会羞愧，会没有表达欲，会没有干劲儿，会没有动力输出任何内容。回想起我在上一个公司管理主播工作的时候，还老逼着主播，没有人也要硬播，我自己做了才发现原来这么难——但这又是一个恶性循环，你不想表达、状态不佳，好不容易有几个人进来，人家一看这什么玩意儿，马上又走掉了，数据就会越来越差。

虽然我深知这和短视频一样，要不断测试迭代才会慢慢变好，当下就是必经的过程，但这就是直播比短视频更煎熬的地方：视频播放量低你不会有羞耻感，但直播间没人，你在那儿对着空气说话，会有强烈的羞耻感。

我知道不能气馁，只能给自己强行打气。

接下来一段时间，情感类话题我又变着法儿地播了十几次，还换了好几种语言风格，效果都非常差。我后来反思，为什么情感类的视频反馈很好，直播就没人看？可能问题的核心还是在于短视频是浓缩式输出，恨不得把前半生的感悟都浓缩到 1 分钟以内，但直播是长时间的输出，要能滔滔不绝地讲俩小时，虽然我也很爱我的猫，但我无法"情绪饱满"地将这种爱意输出俩小时。

唉，既然如此，那就试试讲干货吧。什么叫干货呢？比如，猫粮配料表要怎么看，这个配方是什么意思，那个指标是什么意思，妥妥的"成分党"的感觉。这样一来，直播间特别像是大型名词解释现场，告诉你粗蛋白、粗脂肪、胃蛋白酶消化率分别是什么意思，什么指标算好，什么指标算差，什么指标又是看起来很好但实际很唬人的，如此等等。

你们猜猜效果怎么样？太小众了，依然没啥人来听，来的人在直播间的停留时长也很短。不过也有两个好消息：

其一，可能这些内容过于独特，当别的博主都在讲情感的时候，我在这儿扒配料表，虽然很生涩，但是来直播间看的人比我讲情感的时候要多，观众与我的互动性也更强一些，比如，有人会直接在评论区问我："我的猫在吃某某品牌，你帮我看看它好不好？"

其二，我可能确实是个逻辑脑，以及我也确实在工厂泡了这么久，比绝大多数主播要专业很多，所以我在讲配方与指标时，明显比讲情感更加得心应手，更加自信，更加激情澎湃。

内容与能量值

看起来，我的直播状态和数据都有了好转的迹象，于是我逐步确定了内容大方向：走专业的人设路线，讲干货与知识。从此，无论短视频还是直播，我都只沿着这个方向迭代。

确定内容方向在这个阶段尤为重要。无论在职场打工还是创业，最难的永远都是解决开放性命题：往哪个方向走，如何取舍？在我确定讲知识干货这个大方向后，其他问题就变成固定问题求解，一下子变得简单了。比如，下一步我就要解决：如何把干货讲得不枯燥，如何让更多的人对此感兴趣？

这些问题的探索过程与前期拍视频一样，就是下苦功夫不断测试、迭代，再测试、再迭代。在接下来的两个月里，我坚持每天半夜 2 点到 4 点直播，经过两个月不断地复盘与打磨，我似乎逐渐找到了"让干货更吸引人"的方法。

第一，通过不同话题的视频数据反馈，逐步找到大家更关注哪些话题、哪些干货知识是绝大多数养猫人感兴趣的。

第二，善用类比，把枯燥的知识讲得深入浅出。比如，很多人问猫吃鱼油毛发能否更好？我说，这就好比问人吃黑芝麻能否让头发有光泽。肯定是有用的，但这只能锦上添花，猫和人一样，要想毛发好，必须一日三餐主食吃得好，其他的只是辅助。你看，是不是简单易懂多了？

随着时间与经验的双重积累，直播间的人数逐渐多了起来，从二三十人，到七八十人，直到某一天有二三百人同时在线听我讲猫粮的配方与指标，给我激动得嘴都有点飘了，这个数据在不付费投流的直播间中算是很优秀的了。

"百二秦关终属楚，苦心人，天不负，卧薪尝胆，三千越甲可吞吴"，那天直播结束后我脑子里竟然冒出了这么一句话。这段时间太不容易了，大部分的一炮而红都是假象，厚积薄发、量变到质变才符合绝大多数普通人成功的真相。

回过头来复盘整个过程，除了内容的迭代，做直播还有没有什么是尤为重要的？有，能量值。

以前我觉得直播就是满怀激情地说台词，等我自己真的播了之后才发现那些都是纸上谈兵。直播最重要的不是"你说了什么"，而是"你以什么方式说"，真正能打动人、让别人相信你的，不是你说的那些话，而是你说那些话时散发出的能量。比如，你的自信、斩钉截铁、义愤填膺、慷慨激昂、声泪俱下，这些都是"能量的输出"。

别人相信你，不是因为你说了什么，而是他看到了你说这句话时的状态——就在那一个瞬间，他觉得你是一个好人、一个正直的人、一个专业的人——他通过你当下的状态产生了对你人格的联想，从而愿意相信你说的是真的。

所以，我第一次讲干货时发现直播间人数比讲情感时多。可能还有一个我不曾察觉的原因是，我擅长逻辑输出，输出时我是自信的，这种言语间不自觉流淌出来的自信，是非常打动人的。对，流淌，这词有点哲学的意味了。好的能量场、好的关系、好的状态都是一样的，与尔同在但润物无声，像四散的光影一样逐步汇聚成某种感召力。这也应了那句话：放大优势，一定要放大自己的优势。

"天阶夜色凉如水"恐怕是最能描述我半夜直播情形的一句诗，除了能映衬出一个创业者在寒风萧瑟中奋斗的背影，也如谶语一般教导我，要像水一样，缓缓流淌过深秋。

躬身入局

创业这些亲力亲为的经历，虽然辛苦，但也让我越来越感受到什么才是真实的世界。后来我跟许多大厂的高管朋友聊起这段经历，会打趣他们"十指不沾阳春水"。居庙堂高处确实难以感同身受地忧其民。

我想，大约有这样两类管理者。

一类是管理型，善于用管理手段达到目标。比如，你是销售总监，但并不知道如何提升销售转化率，于是就每天PK搞末位淘汰，转化率可能提升，但你并不知道这里面的关键策略与路径是什么。

另一类是业务型，善于找到问题关键点达成目标。比如，同样是销售总监，你能根据自己的经验知道哪里差、哪里要优化，是要改产品，还是改价格，还是换卖点，还是调整转化链路，你自己就是业务强人，总有解决方案。

业务型管理者更适合创业。管理型的人虽然也很厉害，但倘若出来创业，大概率会极度困难，因为创业就是这么艰难，没有那么多资源给你折腾，你需要撸起袖子上，亲自去解决每一个难题。

这是创业教给我的第一堂课：要真的"下场干"，要成为业务型 CEO，要亲历每一个难点，不要想象，要真的理解它，然后解决它。高屋建瓴很重要，成为业务标兵更重要。

不得不说，当我真的亲自把直播间做得还不错后，我从中获得的自信与成就感，是之前的职场体验完全无法比拟的，仿佛是给自己撕掉了一个标签，又心满意足地贴上了另一个。

从这一刻开始，我有点相信"三千越甲可吞吴"了。

03
自己做品牌，还是给别人带货？

万万没想到，诱惑来得这么快。

某个工作日的下午，我在工厂看完最新一批样品的检测数据，就近找了个咖啡馆想准备一下晚上的直播。

我发现以前规律上班时，对时间的感受是"今天是周几"这样抽象的日历认知，而现在则是"最近的天气又变冷了一些"这样缓慢而真实的季节进度。今天就挺冷的，灰蒙蒙的那种冷。

我刚坐下打开直播后台，就收到好几个宠物品牌给我发来的消息，说看了我的直播觉得挺专业，问能不能给他们带货，价格好说，这让我既开心又措手不及，还有点小心动。于是我给他们发了一个微信号，让他们加我的"商务助理"详细聊聊。其实这就是我的一个小号。这事儿吧，一半是战术，一半是面子。

说来好笑，我怕露馅儿，所以拒绝语音，硬是打字跟他们聊了俩小时。聊完喝了一口已经凉了的咖啡，心里多少有点小鹿乱撞：这诱惑确实有点儿大。

带货能挣多少

大部分品牌方开出了30%的高额佣金，也就是说卖一袋100元的猫粮，我能分佣30元，这比例真是高。要是未来粉丝量增长到一定程度，还能额外有一笔固定的"坑位费"，关键是干这事儿我不需要付出任何成本。

高兴之余，我也由此感受到宠物行业竞争之激烈——对我这种最近俩月刚刚入行的"小博主"都趋之若鹜，那大博主那里不得挤破了头吗？而且大博主肯定就不是我这个价了，那商家还有利润吗？我对自己马上要成为这样的"商家"多少有点心生恐惧。

说到这儿你可能会好奇，我这刚开始做俩月直播，粉丝量究竟做到了多少，怎么就有商家来找我带货了？其实，当时我的账号只有不到1万粉丝。在很多人的想象中，要做到几十万、上百万粉丝才会有商家来找你带货，其实不然，在带货这件事情上，重要的不是粉丝量，而是粉丝质量。也就是说，只要你的粉丝够垂直，哪怕只有几千关注，也会有品牌来找你的。

以我的这个账号为例，我的粉丝基本是通过听我讲猫粮配方的视频关注我的，说明这些用户起码是养猫的，并且他们一定程度上信任我对猫粮的专业判断，又垂直又高黏性，不得不说，我这类账号推销猫粮产品再合适不过。

相反，如果粉丝不垂直，都是泛粉，比如你的账号是拍搞笑视频的，关注你的用户什么人都有，这类账号反而不适合精准带货，适合带一些非常大众化的产品，比如饮料零食、生活用品等。

也正因为不垂直，如果做娱乐账号只有几千粉丝，确实很难接到广告。

天色渐渐暗了下来，店里已经没什么人了，我又猛灌了几口咖啡，犹豫间我拨通了一位博主朋友的电话，她就是长期给别人带货收佣的。

电话一接通，对面吵得要死，不知道她又搁哪儿 High 呢，我下意识地感叹，自由职业就是好啊。

她都没听我说完，迫不及待地打断道："当然是给别人带货更香啊！你想想，要真投钱自己做了产品，且不说过程有多费劲，卖不动你还得每月付仓储费，还得清仓，万一出点负面舆情，你一小破品牌谁听你解释，肯定崩盘。"

"你带别人的货，不也一样可能出负面舆情吗？"

"咳，这你就不懂了吧，妙就妙在这儿，你带货的品牌如果发展得好，你可以大言不惭地说自己慧眼识珠，信我就对了；如果某个品牌出负面消息了，你可以马上调转枪口，义愤填膺地出来骂它，威胁商家赶紧退货赔款，不仅维护了自己粉丝的利益，还能趁机树立一波正义的勇猛形象，里外里都不亏，里外里都是大尾巴狼。"

"我可真是学习了。"

"你别那么较真儿，这年头啊，就是草台班子 PK 乌合之众，真说不好谁才是弱势群体。哎，我跟你说啊，我今儿来一特好的地儿，等你回北京啊……"

"得得得，我知道了，您接着 High 吧，回北京请你撸串儿。"我赶紧挂了电话并揉了揉耳朵。

我终于理解猪八戒为什么老想回高老庄了。确实，自己做产品且不说卖不卖得出去，生产、品控、仓储、物流、客服、售后，光这一堆事儿，想想就头大。

这会儿天色更暗了，也不知道是不是我的心理作用。

当时我一边与工厂研究配方，一边做抖音账号，时间上两者是并行的，而此时此刻，我的产品还没最终敲定，也还没有真的投入大笔资金开始批量订货，倘若我及时刹车选择给别人带货是完全来得及的……我内心竟开始犹豫起来。

要自己做品牌吗？

冷静下来，我开始反方向思考，帮别人带货有没有什么坏处？

主播本质是在售卖自己的时间，除非我能做成头部大主播挣很多钱，否则腰部博主每次直播收入其实有限，我几乎得天天直播，相当于线性售卖自己的时间。如果我有自己的产品，即使不直播，产品本身也会有自然的复购订单，也可以在其他非直播类平台售卖，当积累到一定用户量，复购金额稳定之后，我即使不直播，这个产品销量也能慢慢增长。从个人意愿上，我并不想成为一名全职主播，直播非常消耗能量，虽说我播得还不错，可确实谈不上有多喜欢。

还有一个原因说起来就稍微有点理想主义了。天天泡在工厂的我深知，仅仅作为一个外围的博主是没有能力真正分辨产品好坏的，他并不知道原料好不好、工厂是否卫生、产品营养指标实测的和包装袋上印刷的是否一致，等等。如果我带别人的货，或许我只能拿着一些不痛不痒的报告告诉消费者这个很好。这些事我都还没有开始做，仅仅是在脑海中想象一下就感到羞愧与自我厌恶，但如果是我自己的产品，起码我知根知底，卖起来问心无愧。

想到这里，我还是决定要自己做产品。不过我也借此机会与这些品牌都聊了聊，探得了一些行情。

第一，头部博主要价很高，不仅要坑位费，还要40%以上的佣金，找大博主带货的品牌方大都是赔本赚吆喝。

第二，即使是同一个博主带货，不同产品后期的复购率差异也极大。也就是说，首次成交靠的是用户信任这个博主，但能不能有二次购买就得看产品本身是不是足够好了。

第三，几乎所有的头部博主都不愿意带新品牌的产品，特别是猫粮这种对猫影响很大的产品。正如我前面讲的，博主无法把控产品质量，索性就只带知名品牌的产品，出问题的概率会小很多。

这给了我两个非常重要的提示。

第一，作为一个新品牌，我以后找大博主带货基本没戏，第一次发售还得靠自己直播积累粉丝。

第二，首单靠信任，复购靠品质，如果我对自己的产品品质自信，我现在重点要解决的，就是如何让用户信任我、愿意尝试我这个新品牌。

这么看起来，这本质上是一门追求信任的生意。

从咖啡馆出来已经晚上8点了，真是一个漫长的下午。刚才应该下了一会儿小雨，路上湿漉漉的，水坑里折射出一些迷幻的灯光。这天还怪冷的，我把头埋进衣服领子里，塞着耳机往住的地方走，顺手点开了一个常听的播客。最新一期是讲品牌的，标题是《让更多人知道你，还是让爱你的人更爱你》，我都来不及听它讲了啥，这句话就像一道闪电似的从我眼前划过：是啊，虽说这是一门信任的生意，可信任不是摊煎饼，信任是挖地道，要"一厘米宽一公里深"才行。

这句话像是某种隐喻，又像是一支神来之笔，为我下午繁杂的思绪画上了一个略有升华的句号，我不自觉地耸了耸肩，仰首挺胸起来。太得劲儿了，今晚得吃顿好的，嗯……点个麻辣小龙虾吧！

04

选品、定价、卖点：
你是否愿意"把手弄脏"？

既然决定自己做产品，紧接着就要确认"选品、定价、核心卖点"这三个大问题。

选品

首先是选品，为了让读者更有体感，我稍微补充一些背景信息：

宠物食品主要分为两大类，一类是主粮，比如猫粮、主食罐、主食冻干等。这类产品的特点是复购率很高，但拉新很难。复购率高与拉新难其实是一个硬币的两面，复购率高是因为，就像妈妈不会经常给宝宝换奶粉一样，猫主人通常也不会经常给猫换粮，所以猫粮的复购率很高，但我作为新品牌想要从别的品牌那里把用户抢过来也十分困难。

另一类是宠物零食，比如猫条、猫零食罐。与主粮完全相反，它的特点是复购率低，但拉新相对容易。零食嘛，天然就是要多样化的，就是想要这家尝尝，那家也尝尝，所以对新品牌来说，拉新的难度远远低于主粮。

再来看两组数据：主粮的复购率大概在 40%，零食的复购率不到 5%。而从整个宠物产品销售额的大盘来看，以天猫宠物食品类目为例，主粮约占猫产品销售额的 70%，零食只占 10%，还有 20% 是猫用品，其中猫砂占比最高。

你猜我选了什么？我选了主粮。

站在现在的时间点回过头看，这是一个无比正确的决定。也正因为高复购率，我在第一次发售中就积累了一定量级的用户基本盘，由于产品确实还不错，这些用户在相当长的时间里都有持续的复购行为，这使得我在创业中期出现重大决策失误时，公司没有马上倒闭。

早期与别人交流时，别人问我为什么选择做主粮，我总是一本正经地说：要做难而正确的事——虽然我确实是这么想的，但这句话里多少有些自我包装的成分。

其实真正的原因是创业前我在教育行业做了五六年，经验告诉我，只有高复购率的产品才不会被"劣币驱逐良币"，市场竞争才会更趋近于产品好坏的竞争；越是一锤子买卖，骗子就越多。比如，小学的辅导课就是典型的高复购率的产品，孩子一年级在这儿上辅导课，培训机构当然希望二年级、三年级时家长仍然能续费，这就会倒逼各个培训机构不断打磨产品，赢得孩子和家长的口碑。如果你挂羊头卖狗肉，最多忽悠家长一年，第二年他绝对不会续费了。

但低复购率的产品就不一定了，比如，帮大学生找工作，无论你是否找到工作，你都不会续费了，这种产品反正都是一锤子买卖，很容易出现夸大宣传甚至虚假承诺的现象，因为无论产品好坏都只有一次成交。所以，虽然主粮确实比较难获取用户，但因为高复购率，我还是坚定地想要试一试。

猫的主粮再往细了分，又分为三类：猫粮、主食罐、主食冻干，怎么选择呢？还是先看几组行业数据吧。

第一，市场份额上，仍然以天猫猫主粮销售额大盘为例，猫粮占80%，主食罐占15%，主食冻干只占5%。

第二，价格上，主食冻干最贵，大概150元/斤①；其次是主食罐，大概7元/罐；最便宜的是猫粮，20~50

---

① 1斤=500克。

元/斤不等。

第三，营养上，主食冻干营养最好，其次是主食罐，然后才是猫粮。

第四，市场认知上，消费者对于猫吃猫粮的认知几乎是100%，对猫吃主食罐的认知大概只有60%，而知道主食冻干这个产品的猫主人恐怕不超过10%。

第五，利润上，头部大品牌一般主食冻干毛利80%，主食罐60%，猫粮40%。也就是说，对于很多大品牌来说，主食冻干是贡献利润的，猫粮是贡献规模的，主食罐介于两者之间。

以上几组数据对于决策十分重要，你可以在这里暂停一下，基于以上数据与认知，你猜我会怎么选？或者如果换作你，你会作何选择？

我估计你们绝大多数人都会猜我选了大众接受程度最高、占有市场份额最大的猫粮，是不是觉得市场这么大，怎么着都能分一杯羹？——恰恰相反，我选择了最小众的主食冻干作为切入口。

原因又回到了我在前面提到过的"竞争的逻辑"。

猫粮有如此巨大的需求和市场份额，一定是所有大品牌的必争之地，我们稍微留心一下各个社交媒体上的宠物食品广告，80%以上都是各个品牌在推广自家的猫粮。而且因为猫粮复购率很高，商家挣的都是未来复购的钱，所以大家倾向于第一单不挣钱，甚至亏钱来获取用户。这么看下来，猫粮的竞争格局是：各个大品牌的必争之地，广告打得满天飞，价格折扣层出不穷，商家首单亏钱获客。若我贸然进去，作为一个小品牌，没有历史积累，也没有那么多钱去打广告，甚至没有办法承受首单亏钱获客，那我没有任何胜算。

相反，选择主食冻干的好处是什么呢？

第一，由于市场份额实在是太小了，市场认知度也处于相对早期的阶段，几乎没有任何一个大品牌会把自己有限的市场预算砸在这么小的品类上，所以我发现很少有大品牌打广告主推主食冻干的。

第二，大品牌的主食冻干定价高、毛利高。成本30元/斤，大品牌能卖到150元/斤，毛利率高达80%，这也一定程度上给了我降价的空间。也就是说，如果我的毛利率降到60%，那我的售价可以变为75元/斤，相当于大品牌的半价，对消费者来说性价比更高了。

第三，主食冻干这个产品确实好，对猫更有营养，故而我预判它的好评率和复购率应该也会非常不错。

以上是我选品的全部逻辑。我最终决定选"主食冻干"

作为这个新品牌的第一款产品，定位是大品牌的半价，做主食冻干界的极致性价比。

定价

除了选品外，定价也是一件极其重要的事，甚至比选品还要重要，因为定价几乎决定了我所有的基本盘：目标人群、竞争对手、品牌调性。如果说选品选错了还有重新试错的机会，定价定错了几乎就是不可逆的，因为它在一开始就决定了我要获取的用户是谁，我在与谁竞争。

极致性价比的好处显而易见，确实比较容易在市场上闯出一条路子，毕竟让渡了更多利益给消费者，一定会有人愿意试一试，但它的坏处是什么？

第一，低毛利意味着我没有足够大的利润空间打广告，所以不可能有爆发式的增长，只能通过内容缓慢积累用户，非常慢、非常辛苦，别人可以"免费流量+付费流量"双管齐下，但我只能不断去死磕免费流量，相当于我上牌桌的那一刻，手里的牌就比别人少一半。

第二，"极致性价比"更长期的影响是，当我决定走极致性价比路线的那一天，我的品牌调性就很难做到高大上。

因为品牌是否高大上，不取决于包装，而取决于你的用户群是否有高付费意愿和能力。也就是说，当用户对这个品牌的产品有很强的付费意愿与付费能力时，这个品牌才是高级的。

当我选择走极致性价比路线时，大概率我的用户是价格敏感型的，他们购买我的产品不源于品牌故事，不源于对这个品牌本身有多喜爱，只是源于我能提供与大品牌同样品质但更优惠的商品。维持这类用户长期黏性的办法有且只有一个：持续维持极致性价比，千万不要妄想在攒了一波用户后，开始给他们讲故事、卖情怀，然后涨价，这几乎是不可能的。

走主食冻干极致性价比路线，我至今都很难讲这是不是一个正确的决定，不过这个定位确实很好地帮我完成了从0到1的发售，不至于在产品上线后无人问津。

关于这个决策过程，还有一个有意思的反思。

我以前在职场工作时是增长负责人，也会面临大大小小的选品、定价等问题，作出决策从逻辑上来看并不难。前面的阐述也一定程度上还原了我当时理性的思考。但我在前面没有提及的是，很多时候虽然逻辑上觉得应该这么做，但当我想到我要100%为自己的决策付出真金白银，而且是实打实的自己的钱，也会在决策的瞬间很犹豫，再三斟酌，总想

"再想想"，经常是晚上把早上的想法推翻了，第二天早上醒来又觉得还是得坚持原来的想法。

影响决策是否果断有一个极易被忽视的点：当我在某个公司上班做决策时，我以为我在为自己的决策买单，其实不然，是公司在为我的决策买单。如果我做了一个错误的决定，亏钱的是公司，我的工资照拿不误，最多就是扣点绩效奖金。但当我真的完完全全用自己的钱去买单时，因为我从未"真的承受过这样的风险"，所以会忐忑，会犹豫，会踟蹰不前。

上面我描述的整个理性的思考过程，如果我在公司上班，我可能召开讨论会，一个下午就能决策，但我这次的选品与定价，前前后后犹豫反复了得有半个多月。这也是我第一次体验到什么叫作"情绪上的决策成本"。事实上，在我后面一年多的创业旅程里，每次需要进行重大决策时，除了合理的逻辑思考外，我相当大的心力都是在与自己的恐惧对抗。是的，我清晰地感受到，那种情绪就是恐惧。

我以前在公司上班时，觉得老板怎么总是朝令夕改，一点儿都不坚定，这些数据与信息都摆在眼前了，还有什么好犹豫的？如今我才刚开始创业，还没有招聘员工，还没有真正意义上成为一个"老板"，可我已经感受到了自己以前的想法是多么浅薄。

卖点

选品和定价确定后我确实长舒了一口气，不过也就 5 分钟吧，因为接下来还有一个费时费力又费脑的工作：为新产品找到一个核心卖点！

你一定会纳闷儿，极致性价比不就是卖点吗？不，刚才我有提到主食冻干市场认知度不高，可能只有不到 10% 的猫主人知道主食冻干是什么、吃了有什么好处，所以不能只说性价比，还需要为这个产品本身找到一个"功能性卖点"，也就是要告诉猫主人们：你家猫为什么需要吃主食冻干。

我是怎么找到卖点并逐步测试的呢？

第一步是广泛的调研。首先，看市面上所有品牌的主食冻干主打的卖点是什么；再者，我几乎翻看了市面上所有主食冻干的商品评价，看用户选这个产品时关注什么，或者当用户夸这个产品时具体是在夸什么；最后，我还调研了许多购买主食冻干的"猫家长"，问他们为什么选择这款产品，当时被什么点打动，又为什么会持续复购。

通过以上几个方面的大量资料收集，我发现，几乎所有品牌的卖点都是"含肉量很高、营养程度是猫粮的好几倍"；

买过主食冻干的用户在社交平台上的反馈集中在"猫猫吃了嘎嘎长肉，增肥发腮（发腮是指猫的脸变得胖嘟嘟）"，不过有一点在我意料之外的是，因为主食冻干比较贵，绝大多数用户不会纯冻干喂养，而是跟猫粮拌在一起，达到营养和价格的某种平衡。

基于以上调研信息，我最开始定的卖点是：拌粮神器，超高鲜肉含量，增肥发腮。

后来我跟很多同期的创业者沟通，发现许多人在确定某个卖点后就迫不及待地印在包装袋上，并以此推向市场。而我确实比很多人更审慎，与我最开始做短视频、直播一样，我对自己的想法始终保持怀疑的态度，因此我在想到这个卖点后，就想着用短视频验证一下市场反馈，看看它打动人的程度。

可此时我的产品并没有真的生产出来，要怎么带货测试呢？——很简单，假装我们已经有产品了。

什么意思呢？如果你有在该视频 APP 上购物的经验就知道，每个带货视频下会有一个购物车形状的按钮，用户感兴趣的话可以直接点击购买。我们此时假装已经有产品了，带货视频该怎么拍还怎么拍，该怎么说卖点还怎么说卖点，只不过没有购物车可以点击，大家如果真的能被打动的话，就一定会在评论区问"怎么购买呀？怎么没有链接呀？"之类的问题，只要仔细观察每个视频的评论数、点赞量、播放量等，一定程度上就能判断该卖点的受欢迎程度。

当时我连着发了 30 多条视频，从不同角度讲述我们有一款主食冻干肉含量特别高，甚至还去工厂拍了肉原料的视频，告诉大家可以拌在猫粮里吃，猫吃了特别长肉。

评论区的反馈是什么呢：你家主食冻干有什么独特性吗？你家冻干和××冻干相比好在哪？为什么要冻干拌粮，我家猫正常吃猫粮也挺长肉的呀？真的长肉吗，可以承诺包长肉吗？

不知道你看到上述评论会有怎样的思考，我看到后的第一反应就是：这个卖点不行！

首先，长肉与否跟猫的品种、个体体质有很大关系，确实不能包长肉；其次，猫多重算是长肉了也很难回答；再次，我们与其他品牌看起来也没有特别显著的区别，我总不能说我比别人便宜吧，听起来也不够有说服力。

当这些问题无法被回答时，消费者的感受是不具象的。除非我告诉他，冻干猫粮拌着吃三个月长两斤，但很明显这是虚假宣传，我们不能这么干。可是，当我们主打长肉又无法承诺效果时，这个卖点确实会无法使人信服。

看来又遇到了一个瓶颈，还得回到"一手信息"里找思路。我又把所有社交媒体上关于主食冻干的用户评论都看了一遍，说吃了长肉的确实很多，我正愁怎么办，突然刷到了几条比较小众的帖子，说家里的猫自从纯主食冻干喂养后，便便明显变少了很多，而且不臭。

这类帖子虽然不多但让我眼前一亮，并且这个功效我之前都没关注过，我立马赶到工厂向研发工程师请教，为什么主食冻干能让猫拉得更少，并且便便不臭。他告诉我，猫和人不一样，人是杂食动物，人吃进去的肉、蔬菜、淀粉等都能消化，但猫是肉食动物，几乎只能消化肉，主食冻干的肉含量比猫粮要高很多，所以猫吃进胃里之后，消化率会更高，这消化得越多，拉得可不就越少嘛，同时消化道整体也比较通畅，能很大程度地减轻臭味。

这个功效真是让我眼前一亮，我追问道："是不是所有的猫都能达到这个效果？"

"理论上是的。"

"那如果不是纯用冻干喂，只是冻干猫粮拌着吃还能达到这个效果吗？"

研发工程师推了推眼镜，非常严谨地告诉我："理论上即使拌着猫粮吃，也能提高消化率，便便也能减少，但至于能少多少，我不确定，跟他拌粮的比例有关。"

听到这儿我仿佛看到一丝希望的曙光，于是马上找了一堆猫来做测试，观察在不同拌粮比例下，猫便便多少的变化。确实就像那位工程师说的，拌得越多便便会越少，但如果主食冻干的比例太小，便便少的体感是不明显的，大概要到冻干与猫粮 1 ：1 的比例，便便的变化才会"肉眼可见"。

于是我有了另一个看起来很不错的新卖点：冻干拌粮 1 ：1，便便更少且不臭。这听起来是一个挺让人震撼的功效，但消费者买不买账呢？再拍一些带货视频看看反馈吧。我又沿着"便便更少且不臭"这个方向拍了 30 多条视频，这次的评论大多是：主食冻干是什么，和猫粮一样吗？这么神奇吗？在哪里买？这什么原理啊，你怕不是忽悠我？

如果是你看到这些评论，你觉得这个卖点行不行？我觉得可行！这些评论起码反映出：消费者对于这个功效是好奇的，愿意试一试，最多的担心就是怕被忽悠，我们附上一个友好的售后政策就可以了。

除此之外，我还有另一层洞察：当主打冻干肉含量高、增肥发腮时，吸引的几乎都是买过主食冻干的用户，他们也一定知道别的品牌主打的也是这个卖点，故而会问这个冻干和××品牌的区别是什么？但当我主打便便更少且不臭时，吸引的几乎都是没买过主食冻干的用户，所以他们会问主食冻干是什么？怎么这么神奇？这什么原理？——也就是说，我是用一个同类卖点+性价比去从别人那里抢用户，还是用一个创新卖点去获取增量用户，让没接触过主食冻干的猫主人消费升级一下，这是完全不同的两种逻辑，也是我这两次测试的意外之喜。

至此，我的选品、定价、卖点算是全部确定了。

重要的基本功

我一直在做与增长相关的工作，在教育行业也算是小有名气，有些公司会找我做一些增长类的咨询。在与他们交流的过程中，我发现绝大多数人对于增长这件事本身有很大的误解，他们总以为我能徒手打造一个爆款，或者想出一个特别厉害的点子能够低成本地快速增长。而在我看来这些都是"捷径思维"，他们总觉得别人之所以厉害，是因为对方知道很多鲜为人知的捷径或小妙招，其实很多时候，增长比的就是基本功。

基本功的第一层，你有没有获取足够多的、真实的、一线的用户信息。比如，你有没有访谈这么多用户，有没有真的一条一条地去看用户评论，有没有一次又一次地扒同行的页面研究分析。

基本功的第二层，基于这些海量一手的、真实的信息，你是否有能力结合自身的产品和优势，找到适合自己的产品

定位与卖点。这需要你对自己、产品、用户有更深度的多方面洞察。

基本功的第三层，当你有某个想法时，不要上头、不要自 High，要老老实实地去做市场验证。你要清楚地知道，你的市场验证，只是为了找到某些现象去印证自己的观点，还是抱着怀疑自己的心态去挑战自己。我当时为了验证卖点，半个月内前前后后拍了 60 多条视频，光在这点上我的努力程度就超出了大多数人。

基本功的第四层，市场验证的反馈只是一堆信息的集合，就像我拿到的是一堆用户评论的集合，你能从这些信息中获得怎样的洞察、联想、迭代，你能基于此作出怎样的决断，也是非常考验水平的一个关键环节。

增长不是玄学，是科学，不是灵光乍现，不是妙手回春，是科学的方法论以及愿意"把手弄脏"的深入一线的实践精神，以及付出足够多的努力。

我一直觉得"努力"是一个被严重低估的品质，夸人聪明感觉很正常，夸别人努力总感觉怪怪的。虽然人与人之间有一些天赋的差异，但不可否认的是，努力也是放大优势、拿到结果、拉开差距的关键杠杆。

言归正传，后来证明"便便不臭"这个卖点确实找得不错，但社交媒体都是开卷考试，你能讲别人也能学，你只能领先一时，无法领先一世，如何在后续竞争中脱颖而出就是另外一个命题了。当时这个看起来比较创新的卖点，确实帮我实现了从 0 到 1 的发售，且做得还不错。

再仔细思考一下，我发现，猫长肉是猫的需求，便便不臭是人的需求，确实不是所有猫主人都爱猫，但大家都是爱自己的。

总之，在选品、定价、卖点三大核心问题确定后，我对产品的上线售卖充满了期待与信心。

05
成功发售，第一桶金到手了

　　第一次来北京时我刚毕业一年多，从杭州换工作到北京。我至今仍然清晰地记得来北京的第一天，那是一个工作日的下午，我从机场线的地铁站出来，抬头看了看并不是很蓝的天空，又猛吸了几口北京干燥的空气，当时涌现在我脑子里的第一个想法就是：北京，我来了。

　　因为和工厂打磨产品与配方，我在江苏小住了几个月。2022 年 12 月中旬，一个寒冷、干燥、时不时还刮几阵妖风的午后，我从机场线的某一个地铁口出来，像第一次来北京的那天一样，脑子里涌现出了同样的话：北京，我来了。

产品公测

那时我的产品、配方、生产已经全部搞定，于是我赶紧回到熟悉的北京准备大干一场。

我在几天内迅速敲定了办公场地，租了一个共享办公室，采买了一堆设备，又费了九牛二虎之力说服两个前同事入职我这个"潜力无限"的创业公司。首发在即，我和新入职的两位小伙伴开始紧锣密鼓地筹备。我们把发售日期定在2023年1月1日，新年新气象，希望能讨个好彩头。

不瞒你说，我们对这次发售，真的是憋足了劲儿在准备，能使的招儿都使了。

虽然通过短视频测试出了核心卖点，主打"便便更少"，但我们毕竟是一个新品牌，怎么能让第一次发售就引起足够多用户的注意和购买呢？思来想去，我借鉴了早期互联网产品常用的"公测模式"，也就是当互联网公司要发布某个新功能，会邀请一小部分用户先体验，同时邀请他们做出反馈，如果反馈好就正式上线，否则就回炉重造，再次迭代，也算是"从群众中来到群众中去"了。

于是我们效仿这样的"公测模式"，提前一个月在媒体账号上发布了这款产品的免费试吃：只要家里有猫并且填一个详细的信息表，就能免费获得一袋主食冻干免费试吃。也因为免费，几乎所有看到这个招募信息的用户只要有猫都会来填写。

你可能会好奇：会不会招来一堆薅羊毛用户，最后真上线了也未必会买？

一定会的，但这种情况确实无法避免，所以我故意把问卷设置得很长，增加了一定的填写门槛，填写完需要十几分钟的时间，某种程度上也算是对用户意愿度的筛选吧。当然，详细的问卷一定程度上也是为了让"公测"更加科学，方便后续做用户的分层分析。

就这样，我们收到了近 1000 个用户的申请，也算是花了血本在做公测了。不过我们的产品毕竟是做过大规模实验的，我对产品还是很有信心的，承诺的功效一定能做到，我对他们的复购并不担心。

这还没完，1000 个用户哪够啊，怎么让这 1000 个用户变成 1 万个呢，这就要借助社交媒体的力量了。

产品公测期大概是半个月。公测，顾名思义就是公开测试，于是我们把这 1000 个用户的真实试吃情况以视频形式发到社交媒体上，全部来自用户真实的反馈。比如，用户会拍很多猫猫吃了主食冻干之后的反馈视频。由于我们主打的卖点与便便相关，我们就让用户关注猫的便便情况，有不少用户会给我们拍铲粑粑的照片和视频，开心地跟我们说：便便真的少了，真的少了，也没有那么臭了！我们把这些真实的用户反馈放在媒体上，又引来了大量其他用户的围观。

短短半个月，线上看过我们公测视频的用户远远不止1万人。果不其然，公测视频引起了很多从没买过主食冻干的猫主人他们追问，可劲儿地问：真的那么神奇吗？什么时候卖呀？多少钱一袋？——当看到评论区出现大量这类评论时，我知道这个发售的劲儿算是憋足了。在发售前5天，我们每天都有花样小活动，变着法儿地告诉大家1月1日正式发售，还有各种首发优惠，用户们都表示很期待。

产品首发

终于到1月1日了，激动人心的时刻要到了。

为了契合元旦的节日氛围，我们把直播间打造得格外喜庆，大红的背景，大红的灯笼，我也特意买了一件大红色的毛衣，感觉我回家过年都没这么喜庆过。2023年刚好是兔年，我还上网买了一对特别萌的"兔耳朵"，准备直播的时候戴。怎么说呢，感觉能往直播间堆、能往我身上堆的东

西，都堆上了。

我们计划中午 12 点发售，由于前一天所有的灯光、设备、道具、背景都准备好了，所以我让两个小伙伴大概 10：30 到公司就可以。我本来想起晚一点攒足精神，但是 7：00 就醒了，而且辗转反侧再也睡不着了，也不知道是紧张还是兴奋。于是那天我 7：30 就出发去公司了。

北京的气温已经零下了，由于太过干燥，空气湿度不足，一直没下雪，反而是妖风一阵一阵的，非常冷。我穿着一件从头裹到脚踝的厚羽绒服，眼镜上也全是雾气，走在马路上，耳朵里听着一首非常高昂的交响曲，心中的期待不言而喻。

8：00 到公司后，我马上表现出了某种过年走亲戚时到早了还没开饭的手足无措状：没啥事儿干，也完全无法放松下来休息，走来走去不知道该干些什么，发型理了一遍又一遍，口红色号都换了俩，一直在屋里晃悠到直播开播。

终于开播了，直播间瞬间涌上来几百人在线，给我吓坏了。虽然我之前一直在直播讲干货，但卖货还是头一遭，一下子变得有点紧张，说话都有点磕巴。

不过，得益于我们做了半个月的试吃活动，这半个月与用户的"亲密相处"的确建立了深厚的连接，大家在直播间里一个劲儿地给我打气，让我别紧张慢慢说；也有上来就催

的，"你啥也别说了，赶紧上链接吧"；还有帮我在线拉客
的，"哎呀，我就是试吃用户，真的非常好，大家信我，赶
紧冲！"真的，非常神奇，直播间里已经不是我在自说自话
了，真的是试吃过的用户在劝新用户购买。

于是乎，我刚讲了一个开场白，还没有正式介绍产品，
大家就嗷嗷一顿买，我看到后台的订单一直在滚动翻新，给
我整得又感动又激动。于是我铆足十二分的劲儿讲我们的研
发过程、产品原料等等，嗷嗷一顿输出。大家买得越 High，
我讲得越 High，整个人状态一下子拉满了，非常自信，真
的是前所未有的自信。这种自信不仅仅因为我知道我的产
品好，更多的来自用户反馈，以及他们用实际行动的支
持。我在直播间边播边感叹：真的，好产品才是第一生产
力啊！

后来我们在回看订单时发现，除了原有粉丝外，也有很
多第一次刷到直播间就下单的用户。这再一次印证了直播最
重要的不是话术，而是状态，重要的不是你说了什么，而是
你以怎样的状态、气场、能量输出这些内容。再看我的直播
回放，我再次感叹：真的是充满了前所未有的自信感。

不过，当天我也有一个小的失策点：按我以前的经验，
我的体力只够我能量满满地输出俩小时，但因为是首发，我
想把直播时间拉长一点，于是我找了一个经验非常丰富的主

播朋友，提前给他培训了一些产品知识，以为我和他能交替着直播，直播时间能拉得更长。

结果在我播完俩小时后，该换他了，这大哥瞬间就怂了，现场打退堂鼓，说"接不住，接不住"，说他播肯定会给我搞砸的，让我还是自己播。于是我又硬撑了俩小时，4小时真的到我体力极限了，虽然还在不断出单，但我也关播了。

后来我问他："为什么播不了？你也是见过大场面的人，这有啥接不住的？"

他说："就是因为我见过大场面，所以我深刻地知道，你这个场域我是接不住的。"

我追问："啥意思？"

他说："如果你直播间的这几百人全都是广告投放买的用户，比如都是看了某个产品广告点进直播间的，这样的时候用户都是奔着产品本身来的，主播只要话能说利索了，产品介绍清楚了，外加情绪高昂一点，基本上就没有什么问题。但你这个场域不一样，这几百人妥妥地都是你的粉丝，无论是通过之前直播答疑关注你的，还是通过试吃活动路转粉的，总之，他们是信任你、冲你这个人来的，我要是上去了，你这人起码得走一大半，那我这不是给你帮倒忙了吗？"

我仔细想了想，也对，不愧是资深主播，确实专业。不过他临走前嘱咐我说，你这个人 IP 属性太强了，虽然很容易建立信任，但后续卖货也会非常依赖你自己直播，这是一把双刃剑。

送走了他，我一屁股瘫在沙发上，本来还想回味一下他刚才说的双刃剑问题，但实在是没有精力了，于是开始漫无目的地刷着朋友圈与短视频，大脑处于缺氧且放空的状态。

我忍不住打开手机上的店铺 App，一遍一遍地下拉刷新，每刷新一次，销售额那一栏的数字就会上涨一下，可给我开心坏了。我在沙发上瘫了足足 1 小时，我感觉有 40 分钟都是在"销售额"这个页面，下拉刷新。

为了当天冲一波热乎的销量，我在下午休息完之后，晚上又加播了一场。说来也神奇，很多用户中午已经买过了，但是晚上仍然在我直播间里蹲着，不断发评论说"这个产品特别好，大家一定要买，我作证"之类的，非常像水军但又真不是水军，给我整得又有点感动。晚上直播时，面对镜头，我内心生发出一种由衷的自豪感，不是为这些运筹帷幄的营销方案而自豪，而是因为我做了一款好产品。

那天我们一直忙到晚上 11 点，我和两个小伙伴都累坏了，盘点了一下销售额，前后两场直播，6 小时就卖了近 30 万元，比我们的预期还要高，这以后还不得起飞？

自打我们筹备发售以来也有将近一个月了，大家的精神状态都非常紧张，晚上结束直播的那一刻他俩都露出了久违的微笑，仿佛终于感受到了我没有忽悠他们，露出了某种"我们好像真的能做成"的充满希望的微笑。直播结束后，我让他俩早点回去休息，毕竟明天还得处理用户的订单，确保发货环节不出问题。

他俩走后我又在办公室待了一会儿，这个共享办公室在北京望京某个大厦的 17 层，我站在窗边，看着下面宽阔的街道上依旧车水马龙，这仿佛是忙碌了一天后真正的休息时刻，我放空似的盯着窗外，在那样的瞬间，我也觉得自己能把这件事做成。

凌晨的北京依然如此繁忙，充满活力，这恰恰是我喜欢它的地方。回想起刚来北京的第一天，那个炎热的夏日夜晚，在忙碌了一天租房、采购、收拾行李之后，也是同样的凌晨时分，我躺在出租屋里，盯着天花板上有些破旧的吊灯，脑子里莫名冒出了曹操的名句："譬如朝露，去日苦多。"这人生啊，譬如朝露，想干就得抓紧干。

06

次月就亏损，这应该是暂时的

我本以为发售那天的销售额会是一个起点，没想到竟是一个最高点。

在发售后的第二天、第三天，销售额都有一定程度的下降，不过我知道这是正常的，毕竟刚整了一波猛的，我预估过几天销量会回归到正常水平，终归会呈螺旋式上升。可事实上，到第二周，销量就有些不太对劲了，销售额竟然一天比一天低，甚至一度低到一天只有几千元。

2023 年的除夕是 1 月 21 日，也就是说，元旦后的一周大家就陆陆续续开始返乡过年了。当时我隐隐觉得，在这一批熟悉我的粉丝购买完之后，仍然会存在新一轮的拉新难点，但我整体还是偏乐观的。虽然感觉最近两周销量比预期低很多，但猜想与过年返乡有很大关系，下个月应该就恢复正常了。

再看了眼日历，2023年2月1日就快元宵节了，年算是基本过完了，我预估那会儿销量也能恢复到正常状态，于是我让小伙伴们早点回家、早点返京，准备年后再大干一场，再续辉煌。

我也稍微提前了几天回家，想着这样能早点回北京。还记得我在首都机场排队登机时，拍了一张登机口的照片，发了一个朋友圈：2023，真是令人无比期待的一年。

而事实是，2023，真是无比跌宕的一年。

销量惨淡

令人无比期待的2月到了，可销售额依旧十分惨淡。

我内心深处隐忧的事终于还是发生了。幻觉破灭，我猛然意识到这根本与春节毫无关联，也不是我们的产品不好，而是这批用户还远没有到复购周期——我又去翻了1月份的订单，因为我们有首发折扣，绝大多数用户买的是囤货装，如果他家的猫是冻干拌着猫粮吃，得吃整整两个月。也就是说，1月初下单的这批顾客，在3月初才会陆续复购，那我这完全空窗的2月要怎么办？

第一次发售之所以卖得好，是因为我在工厂准备产品时就开始做抖音账号，积累了一大波粉丝，还做了公测、试吃等一系列活动，可以理解为我过去半年的努力在1月的第一周实现了由信任到销售额的集中变现，而现在存量用户想买的都买了。那我的2月要怎么办？如果从头开始拉新，难度可不小。更要命的是，我当时觉得销量肯定会"螺旋上升"，所以春节前还让工厂新备了一批货，如今这些货都要滞销了，得赶紧想办法找到新一波的用户。

我自己都觉得不可思议的是，我对这件如此明显的事竟然没有事先的觉知，我甚至没有提前想过2月会出现老用户来不及复购、新用户跟不上的销售额断层，这几乎是一个常识。如果我在公司带团队，绝对不会犯这样的错误，别说是我，我的下属都不可能犯这样的错误。对于新产品上市后一段周期内的销售额应该有非常明确的预估，并且如果判断在哪个环节会有销售额的下降，一定要事先想好应对策略，而不能等这件事情发生了，才开始手足无措。

现在回头看，这很大程度上是由于我对销量的预估充满了"想象"。我在公司上班时，对销量的预估一定是基于精准的逻辑与数字，不会掺杂任何个人情感——我对产品本身没有情感，不会主观上极度"希望它卖得好"，而是尽量利用我的专业技能"使它卖得好"，所以不会对销量有任何乐观的想象或幻想。

可我今天的角色不一样，这个产品就像我自己的孩子，我在主观上对它有极大的偏爱，这种偏爱会造成非理性判断，就像妈妈对孩子的预期不是基于实际而是基于某种希望，所以会把这种期望与销量预估混杂在一起，会莫名地觉得它一定会卖得很好。于是我相对冷静客观地预估了第一次发售的销量，但发售之后第二个月、第三个月的销量，与其说比较难预估，不如说，我主观上有意无意地总给自己洗脑，觉得一定能卖得好，这种信心没有任何逻辑与依据，就是源于我的贪念与自大。

挽救销量

意识到问题后，我迅速调整了自己的状态和预期，积极做了许多挽救销量与拉新的尝试。

我的第一个尝试是把直播时间拉长。我和两个小伙伴齐上阵，每人播 2 小时，一天能播 6 小时，想着直播时间拉长后，怎么着销量都能成比例增加。

他俩从来没有直播过，还有点兴奋，我用我"还算丰富的主播经验"从头到尾给他们培训了话术、卖点、情绪、状态，告诉他们哪里要情绪高昂，哪里要抑扬顿挫，哪里要自信，哪里要激动，可以说是手把手教学。在试了几次之后，他俩的直播状态确实也还不错。

但直播的结果，又给了我当头一棒。

就像之前那位主播朋友说的，靠我的脸卖货是一把双刃剑，个人 IP 账号在不投广告的情况下，大家来直播间都是冲我这个人，所以我直播和别人直播差异巨大。我以为转化率是两倍的差距，实际上是七八倍甚至接近于十倍的差距，而且还给两个小伙伴整得挺郁闷。我又想，换作更成熟的主播，看看转化率的差距能不能缩小。于是我找了几个成熟、专业的主播朋友来做了几次直播，还是不行，转化率差距还是很大。

现在想想这句话挺对的：如果直接花钱投广告，用户看到产品广告后进来，是被产品吸引的，转化率跟主播没太大的关系，但如果是自然流量路转粉的逻辑，那本质是用户信任你这个人，愿意为了这种信任而尝试你的产品，换个人肯定就不行了。

我们为什么不像别人一样投广告呢？这又回到了定价的问题上，我们的定价就是低毛利的，低毛利的优点是有非常高的性价比，但它的另一面是，我没有像别人一样为营销支出高昂费用的可能性，因为没有足够的利润支持我投放广告。任何决策都有两面性，这种两面性起作用只是时间问题。

半个月后，我发现"通过增加直播时长提升销售额"这件事并不靠谱，于是在尝试一段时间后就停止了。

我怕大家对这个认知有误解，再多解释一下：并不是依靠自然流量带货一定强绑定IP本人，而是在拉新这个环节强绑定IP本人。如果是老用户来复购，直播间是谁都行，用户只管买他们想复购的产品，但在拉新这个环节，我做的是一个新品牌，没有任何广告的加持，只能依靠我这张脸去获取信任、实现转化。

那怎么办？累就累点儿吧，还是我亲自上吧。

除了卖货直播外，我之前讲干货确实有蛮多人听的，于是就有了我的第二个尝试：重新开启干货直播，吸引一些新的用户信任我、关注我，从而愿意尝试我的产品，相当于把几个月前的流程重新走一遍。

我心想，这都蹚过一遍了，总不会再出岔子了吧。

讲干货确实是有用的，不过与几个月前相比，我能明显感觉到直播间的在线人数没有那么多了，也会有人在评论区质疑我，说了这么多"干货"就是为了推荐自己的产品。

我突然意识到，当我成为一个品牌创始人，拥有卖家的身份后，再给大家讲知识，即使是同样的干货知识，大家也会觉得我的立场没有那么客观，所以同样的内容，直播的效果和对人产生的吸引力，与以前相比是大打折扣的——但即使打折扣，这也仍然是一个可以持续做的拉新的办法，不过我必须得承认，它的增速确实没有以前那么猛了。

与此同时，我越来越意识到，这好像并不是一种健康的商业模式——我的体力消耗太大了。但现在就如旋涡般卡在了这里，我只能默默祈祷 3 月的复购恢复之后，这个业务能正循环起来，把我的精力释放出来。

此外，我还做了第三个尝试。当时"免费试吃"确实挺受欢迎，由于我们的产品确实不错，很多用户试吃后是能转化成复购用户的。但是也不能天天白送，于是我们做了半价试吃，甚至两折试吃。

你猜有没有再爆一波？很遗憾，没有。

看到这里，你肯定在想免费试吃和半价试吃肯定是不一样的呀，要付费，人肯定就少了。我一开始也是这么想的，于是重新做了新用户"免费试吃"，虽然比半价试吃的人要多一些，但仍然没有 1 月那么火爆。

我突然意识到，核心并不是我发福利大家就会来，就会觉得很 High，他们之前很 High 的前提是他们原本就信任我，信任+福利才会有效果，纯福利完全达不到这么好的效果。是的，如果发福利就能获得健康的增长，那这个增长也未免太容易了。

事实证明，虽然累点儿，但能够实现"干货分享→产生信任→半价试吃"的循环，销售额能从谷底的每天几千元升到小几万。

事后我给很多朋友讲述这段经历，他们一致的反馈是，我在不投广告的情况下，2月这种"缓慢的增长"已经做得不错了。但我之前受1月销售额的"惊喜"刺激太大，后面这些缓慢的增长，在我的眼里依然杯水车薪。

创始人的孤独

这除了让我的自信心受到不小的打击外，也让我第一次体会到了所谓的"创始人的孤独"。

这种孤独感在于我是极度焦虑的，虽然我的两个小伙伴也很苦恼，但我们的焦虑程度完全不一样。比如，中午一起吃饭时，他俩会突然聊起某个明星的八卦。我会下意识地想，我们业绩都这样了，你俩怎么还有心思聊八卦？但转念一想，这太正常了，虽然我们是一家创业公司，虽然他们比绝大多数人都更有创业精神，但不可否认的是，这对他们来讲仍然只是一份工作。回想我以前上班的时候，虽然业绩压力也很大，但我也是该吃吃该喝喝，该看剧看剧，该聊八卦聊八卦，个人生活丝毫不受影响。

但作为创始人就不一样了，只有我一个人要为这件事兜底，要为它的成败负全责，我甚至会苛责自己，觉得自己业务没干好，都不配吃喝玩乐。但凡稍有时间，哪怕是在等车的间隙，我都会思考各种对策。在这种有点病态的状态下，我一听他们聊八卦就不免悲从中来，觉得又生气又孤独。

创始人的孤独其实不在于你的员工无法在关键决策、关键判断上给你帮助，而在于"做成这件事"在你们心中的分量完全不一样。当然这里也不是苛责打工人，这非常合理，因为这事儿一旦做成，创始人能拿到最大的红利，他当然应该在前期承担最大的焦虑和压力。

我当时没有找合伙人，但如果重来一次，我一定会在创业前找好合伙人。很多时候合伙人提供的不仅仅是决策与认知上的帮助，更重要的是，他能够提供在崩溃焦虑情况下的情绪价值。因为我和我的员工永远不会在同样的焦虑值上，永远无法彼此感同身受，但我和我的合伙人在某种程度上可以。

当时处于焦灼中的我并没有意识到，这并不是某种"偶然的、短暂的煎熬"，而是创业的常态。在未来的种种决策中，我要对抗的不仅仅是自己的认知与偏见，而且要与这些如影随形的压力、焦虑、不确定性相处，并在如此复杂的情绪状态下，努力保持高质量的、冷静的决策。

07
接下来的三个月，亏损加剧

虽然我做了很多尝试，销售额也有了缓慢的回升，但这远远满足不了我的野心——这些数据看着太不刺激了，我想要销售额的极速回升而不是每天慢慢往前挪。

我在极度焦虑、极度"想要"的情况下，做了一个极度错误的决定：开发新品，大量开发新品——新用户不是不够吗，那就让老用户的复购在各种产品上都跑起来！

大量开发新品

任何一本讲消费品营销的书都会告诉我，消费品的核心是复购，而复购又分为同品类复购、跨品类复购，同品类复购是指先买了猫粮再复购猫粮，跨品类复购是指先买了猫粮，虽然猫粮还没吃完，但可以再买猫罐头、猫条——这看起来是一个很正确的商业逻辑，但从未有人告诉过我，这个逻辑背后隐含着一个巨大的前提：现金流充裕。

虽然随着我每天直播，新用户在逐步、缓慢地增多，但我急切地想要原来那一批还没有到冻干复购周期的用户，再买一点其他产品，心想：这样复购周期不就变短了吗？复购金额不就变高了吗？不就能以更快的速度形成拉新与复购之间的正循环吗？这么想想是不是很对？而且很多厂家确实是这么做的，那我也来试试。

为什么这是一个极度错误的决定呢？因为任何产品的生产都是有起订量的，比如，罐头 1 万罐起订，除了货品本身的成本，还有包装印刷的成本、送第三方检测的费用。以包装袋为例，包装袋的印刷也需要批量定制，没办法只做几百个，起订量都得是几万个，这么折算下来，每个新产品的前期投入需要 8 万~10 万元。

不是扩新品错了，而是扩新品的时机错了，我不应该在这个时候投钱做新品。虽然我已经赚到了第一桶金，虽然第一个月是有利润的，但由于尚未实现稳定的复购，公司从第二个月开始就是负现金流的状态，这种情况下一次性投入一笔钱或好几笔钱去生产新品，是非常冒险的，因为我并不知道什么时候能扭亏为盈，此时贸然花钱很有可能会导致亏损

更为严重。

现在回过头来看，当时更理性的做法应该是：通过自己直播逐步拉新，虽然慢一些，但可以再等一等，等三四月份复购真的有起色之后，再计算一下基于这款产品每个月的真实盈利情况，在风险可控的情况下逐步投钱去尝试拓展新品——不过这些都是事后诸葛亮了，还是那句话，创业过程中的决策不仅仅依赖理性与逻辑，我们需要与自己的情绪对抗。在当下那个节点，我的焦虑、不安，以及我想赢的心态，已经让我丧失了理性判断。

当然，我还没有上头到一次性要扩四五个新品这么夸张，而是先试着做了一款新品，也是我的第二款产品：补水汤包。主打的是养猫人的另一个痛点"猫不爱喝水，也很容易因为喝水少得病"，算是比较刚需的产品了。

这也是要重新定制包装袋的，这类包装袋一做就是10万个，而且还要付单独的打版费用。补水汤包工厂的订货量是2万袋起订，做出来之后还要送第三方机构检测通过才能售卖，这都需要白花花的银子啊。这还没开卖呢，小10万块钱就已经出去了。

不过我的选品能力还算不错，"让猫多喝水"的痛点找得很准，而且新品发售时我又把之前的试吃、短视频晒效果等流程全都走了一遍，也是在期待值拉满之后才发售的，再加上各种限时活动，销量虽然与冻干相去甚远，但也不算太差——2万袋卖掉了一多半。

这又给了我另一个错觉：这群老用户确实挺信任我的，我要再做新品的话，销量应该会和这个汤包类似，那我做三个新品，销售额不就翻三倍吗？于是，我紧接着又做了几个新品。

出乎我意料的是，后面几个新品销售状况非常惨淡。

仔细想想，一部分原因是后面出的猫罐头、猫零食没有前两款产品这么刚需；但更重要的是，老用户也不是永动机啊，怎么可能出啥买啥，短时间高频支持两波已经很给力了，毕竟用户每个月的养猫预算就这么多。

话虽如此，这一波的新品操作，让我里外里又赔进去不少钱，而且这些货只要没有卖掉就会产生仓储费用，我不仅资金回笼有问题，每个月还要为产品的仓储费埋单。

看到这里你可能会疑惑：这也不算是赔了呀，货也是资产啊，只要货能卖掉怎么着都是赚的。

是的，但这里要特别强调两个看似一样，实则天差地别的概念：利润与现金流。什么是利润？就是我只要不亏着卖，每卖出去一件产品我都是挣钱的，这就是产品的利润。那什么是现金流呢？就是我这个月实打实地支出了多少、销售额回款了多少，公司本月的进账是正的还是负的。

你要是去看消费品公司的破产记录，基本是由于现金流断裂而倒闭的。通俗来讲，就是仓库里还有货，但账上已经没有钱了，已经不够给员工开下个月工资了，所以即使还有货也会宣告破产。

当然，我们还没那么惨，公司账上还是有钱发工资的。但确实因为我盲目扩产品，一下子投入了几十万，导致这几个月的现金流极端负向。

3月份病急乱投医般地扩产品，给我折腾得够呛。眼看着好不容易到3月底了，想着之前的第一批用户该到复购时间了，于是赶紧又搞了一波活动，想让大家趁着活动再多买一些。

现实情况是，复购确实不少，但并未如我之前想象的井喷式爆发。后来我做了用户调研，发现每个家庭养猫的数量不一样，即使只有一只猫，不同的猫饭量差别也特别大，就像人一样，有人一顿吃三碗米饭，有人只能吃半碗。我们回访那些没有复购的用户，发现他们不是不愿意复购，而是家里的猫粮消耗得太慢了。

因此，我以为到时间就会井喷式地复购，变成了细水长流的每天都会来一点儿复购的订单。

说实话，如果我没做一堆新品，没有如此大现金流缺口的话，我此刻反而是比较淡定的，因为产品的复购率确实不低，用户是买账的，慢慢增长未尝不可。但由于我一顿瞎操作，把自己放到了一个"急需当月销售额来补充现金流"的焦虑境地，因此这些原本健康的、持续的复购金额在我的眼里是缓慢的、远远不够的，迫使我必须加快销售额提升的步伐。

拓展其他渠道

我想到的第二招就是拓展线下渠道。

从整个宠物行业大的结构性数据来看，线上渠道占60%，线下渠道占40%，于是我就想，线下会不会有一些机会。

但我只有线上销售的经验，我和两位小伙伴都没做过线下渠道，虽然不知道能不能成功，但总归值得试一试。我和两位小伙伴大概花了一周时间，跑了很多的北京的宠物店，竟然没有一家宠物店愿意帮我们分销产品。

一是因为我们做的是新品牌，人家对我们缺乏信任，顾客在他那儿买了东西，万一宠物吃出问题他得负全责，所以宠物店店主们更倾向于卖一些知名品牌。

二是我们一开始的毛利定得太低了，绝大部分线下经销商要拿走 50% 的毛利，也就是说，如果产品定价是 100 元，他帮我卖出去后，我要给他 50 元，而实际上我们的毛利率只有 40% 左右。也就是说，姑且不算仓储、运费、退货等损耗，产品毛利最高也只有 40 元，无法满足店主们对提成比例的要求。

我们全员出动摸底一周后，发现这条路行不通，我们还自嘲地说：这定价果然不能太良心了，这个行业高价是有高价的道理的——虽然这是一句自嘲的话，某种程度上也反映出了一些商业模式的真相：低毛利虽然比较容易实现从 0 到 1，但是限制了在其他方面延展的可能性，比如，付费打广告、找博主带货、渠道分销等。

不知道是谁突然提了一句：要不我们换个品牌吧，换个品牌换个包装，定价高一点，只走线下渠道，既能与线上款区别开来，又能保证有足够多的利润所得渠道。

听起来也不是不行，换个新品牌也不是什么难事儿，重新注册一个商标就可以。不过好在当时我没有头脑发热，还是比较理智的——重新发布一个新品牌可不是件简单的事儿。再说人家不愿意分销，除利润不足之外，根本原因是我们做的是新品牌，解决不了前置信任的问题。

线下渠道探索了一周多，也铩羽而归了。

没什么好办法，那就再回到线上吧。我们在抖音做得还行，是不是在其他平台也可以试试？

我首先想到的就是天猫和京东，但是点开"店铺申请"一栏，赫然写着"开宠物品牌旗舰店需要10万元保证金"，我瞬间就蔫儿了。10万元也不是付不起，但经历了前两个月一下子投入几十万元扩新品后，我突然对花钱变得异常谨慎，甚至有点恐惧。

由于公司现金流是负的，我几乎每天都在算这个月还剩多少天，预计会亏损多少，都快魔怔了。我一看拼多多，开旗舰店竟然只需要1000元保证金，我简直流下了感动的泪水；转头一看，在小红书开旗舰店也只要3000元保证金，那就这么定了，先做这两个平台。

小红书与抖音很像，主要依靠内容来获客；拼多多就是纯电商运营逻辑，不过还是需要购买一些广告的关键词。具体怎么运营的这里就不展开了，从实际结果来看，很一般，其原因一是受限于精力的分散，二是在任何一个平台实现从0到1都没那么容易，需要一定的耐心以及内容、数据的积累，毕竟在抖音上也是积累了小半年才小有所成的。

综合以上两点，我们在小红书和拼多多上虽然也有一些订单，但整体的销售额贡献度确实不高，仍然没有办法靠这两个新渠道扭转近几个月由于货款、房租、人员薪资支出所带来的亏损。

我有点蔫儿了

这一系列举措执行下来已经是 5 月的尾声。

经历了 1 月的井喷式大卖，2 月我自以为是的"短暂的亏损"，以及 3 月、4 月、5 月一系列无效甚至负向的策略，我和团队小伙伴都深感疲惫和迷惘。

在过去的 3 个月里，我不停地思考究竟如何破局、要做哪些改变；亲自带着小伙伴跑线下，一次次深夜打电话和工厂确认新产品细节。在这个阶段，直播我也没敢落下，我坚持每天直播，维持着销售额缓慢的增长与稳定的复购。

上述的一切，让我的体力与精神状态近乎透支。身体上的累只是一个方面；更重要的是，一系列无效策略，让我的自信心受到了极大的打击，我甚至开始怀疑是不是太过高估自己了。

不仅如此，每个月的现金流负向也让我心生不安和恐惧，我几乎每天都在计算到月末的实际入账额会有多少，预计本月还有哪几笔支出，本月的盈亏值是多少。虽然我还远没有到山穷水尽的地步，但持续亏损让我的孤独、恐惧、不自信达到了创业以来的顶峰。

我终于理解了职场上盛传的那句话："打胜仗就是最好的自信心。"

虽然我以前带团队时总说这句话，可我之前没有意识到，在公司上班时，无论我带领的团队规模多大，都不存在因我而产生的绝对胜仗或败仗，总有公司、上级为我托底，最多也就是做黄一个项目，但这不会动摇我对自己的自信心。现在我才真正体会到了胜利的意义，以及失败带来的恐惧、动摇与不自信。

如果说胜利能让人发挥 120% 的战斗力，连续的失败可能会使他连 30% 的水平都发挥不出来。我终于理解了，为什么西楚霸王被围垓下时，四面楚歌会对楚军的士气有如此大的摧毁作用。

我从未想过自己竟会心生恐惧，这是我在过去 8 年职场生涯中从未有过的。这种恐惧不是害怕自己的钱亏光，而是不知道什么时候现金流才会恢复正向。每个月实打实的损失在发生，这种巨大的不确定性与迷茫感，共同催生了我的恐惧。

我想起半年前"百二秦关终属楚，三千越甲可吞吴"的自信，现如今更像是"四面楚歌惊入耳，夜半英雄帐中起"。

08

裁员，半年就要裁员了

我自诩是一个抗压能力强的人，可如今才发现，我之所以会这么认为，是因为我的压力从未如此之大。

在连续失败的这几个月里，在月月现金流负向的亏损下，我惊诧地发现，这压力竟大到让我无法思考。我几乎整夜整夜失眠，疯狂地掉头发。很多时候失眠不是因为某一件具体的事，而是焦躁不安、心神不宁，临近天亮才能勉强睡上一小会儿。每当我一睁眼，觉得应该马上去公司解决问题，但身体又特别不想去，特别想逃避那一大堆麻烦事。

由于我经常处于焦躁不安的状态，任何一件小事都会激发我糟糕的情绪。比如，有一次仓库批量发错货了，用户买的是 A 产品，发成了 B 产品，需要及时跟用户解释、安抚用户情绪，再跟仓库沟通重新发货，把新的快递单号重新一个个手动更新到网点后台，最后再找仓库理赔。其实这件事并不复杂，涉及的用户面也不大，但我却狂躁不安，满脸都写着"心烦"，还好我的员工比较得力，这件事几乎没让我操心。

决定裁员

某一天晚上，我给深圳另外一位创始人朋友打了个电话，他也处于创业非常艰难的阶段，但他比我早创业一年，我的心路历程他几乎完整地体验过，所以他总能就自己的经历，给予我宽慰和一些更切合实际的建议。

我向他讲述了我的近况，并询问应该怎么办。他告诉了我两句话：

第一句是："创始人要永远相信，当下发生的一切就是最好的安排，虽然这听起来没什么道理，甚至有点迷信。"

第二句说的是个简单粗暴的办法，他说，要缓解当下的压力，不是像你这样天天逼自己，而是要顺从自己的内心，你都已经睡不着觉了，就不要再给自己增加压力，也不要再PUA自己应该变得更好了，你要正向地释放自己的压力，怎么释放呢？——收缩业务，裁员，先让现金流回正。

我只有两名全职员工，还有一些兼职人员，比如，客服、设计师、网店运营、主播，这些兼职员工有的远程办公，有的在现场办公，加起来得有二十几号人。并且，由于我创业初期非常乐观，无论全职还是兼职，我给的薪资在创业公司里绝对不算低的，五险一金也是足额缴纳，我身边创业的朋友们都说我绝对算是良心 CEO 了。没开过公司的人可能不知道，算上五险一金，公司支出的人力成本大概是员工总薪资的 1.4 倍，这么算下来，每个月的人力支出确实不少。

我们当时同时在做很多事，多种产品、多个平台、多样的活动、不断开拓小渠道的商务、老用户的社群维护等。虽然我深知很多工作是没必要做的，起码在这个阶段没必要做，但我无法让自己与团队停下来，停下来啥也不做，不是会更焦虑吗？

有一个词叫"低效努力"，就是改变思维方式、行为路径通常要付出极大的"深度思考"上的努力，而绝大多数人更愿意沿着习惯的路子持续、低效地努力，觉得从 20 分的努力值做到 100 分的努力值，从每天睡 10 小时变成睡 5 小时就能成功，这就是低效的努力。

现在回头反思，当时的我就处于某种"低效努力"中，我其实对每一个路径都没有非常明确的策略，只是觉得不能闲着，自己不能闲着，团队也不能闲着，总得做点什么，仿佛在做点什么的过程中，公司就能日复一日地好起来。虽然我深知根本不是这样，但因为我的情绪状态实在太差，已经没有精力与体力冷静、深入地思考如何更高效地努力了。

挂了电话，我内心开始了剧烈的斗争。

不得不说当他提出裁员的建议时，我莫名地眼前一亮，甚至在心里长舒了一口气。理性地看，裁员未尝不是一个好选择，一方面，减少大量人力支出让现金流迅速回正，虽然不能盈利，但起码可以保证不亏或微亏；另一方面，裁员也让我重新审视当下正在做的事情，哪些是必须做的，哪些是可以舍弃的，我也可以借此机会冷静地思考一下，想清楚策略再出发。

不过，我当时在电话里表达出了犹豫，他语重心长地说，以他过来人的经验，在这种情况下，策略本身的对错根本不重要，甚至这个裁员的决定我回头再看是对是错也不重要。重要的是我这个人，是我作为 CEO 的情绪与状态，虽然我有很多情绪的弱点，但此时我要做的不是逼迫自己慢慢成长、慢慢消化它们，而是要用最果断、最凌厉的办法，让自己的思维以最快的速度重回正常水准。

我想，他说得对。

具体要怎么裁呢？把全职裁掉换成兼职，再把现有的兼职砍一半，只维持 10 人的"必要岗位"的兼职团队。

理性思考是一回事，真要去做又是另外一回事，不得不说，这确实是让我非常痛苦的决定。这二十几号人有很多都是我原来的下属，都是我一个一个说服加入公司的，特别是两个全职，还是从别的公司硬挖过来的，大家都是基于对我的信任才加入公司的。才半年的时间，就告诉大家要裁员，面对兼职人员还稍微好一点，对两位全职的员工我实在是开不了口。

从我决定裁员到真的和员工们聊裁员中间又拖了半个月，这种拖延本质是一种内疚，因为我的错误让别人承担后果的那种内疚。除内疚外，这也是我不自信、懦弱、想要逃避的表现，人在顺境时是不会看到自己这一面的。

现在已经重返职场的我，在新的公司也会有一些人事变动，无论是我的下属主动离职，还是公司要辞退他（她），于我而言都不会有太多的心理波澜，我能专业冷静地处理，而且想好善后方案。我以前也是如此。我一直以为我的淡定与从容来自我心理素质强、专业素养高，现在看来这很可笑，多数情况下在职场中的从容是因为我们处于顺境之中，或者我以为的逆境也只是一个小水沟罢了，而不是一个大深坑。

我与很多创始人朋友交流，大家一致认为，创业会摧毁我们原本在职场中建立的自信心，我们曾经以为的自信心像泡沫一样不堪一击。在自信心被摧毁后我们会看到自己狼狈、不堪、懦弱，甚至自我厌弃的一面。不过，当翻过这个山头，我们又会重塑某种新的自信——一种更理性、更坚固、更自知的自信。

创业的第一次裁员

终于要开始裁员了，我记得非常清楚，那是 6 月中旬的一天。

北京 6 月的天气是最阴晴不定的，一会儿极冷，一会儿极热，前一天还狂风暴雨，第二天马上艳阳高照。我终于在某个下着小雨的夜晚下定了决心，开始裁员。以防第二天自己反悔，当晚我就发信息给小伙伴们，跟他们约好第二天一对一面聊。

果不其然，第二天艳阳高照，特别热。我心想，按照常规剧本，主人公做一些重大的、不好的决策时，背景标配不都是阴雨蒙蒙的天空吗？不过转念一想，谁又能是这个世界的主人公呢，只有人类的世界是精心规划的、按部就班的，抑或打破规划的、措手不及的。大自然哪管得了你这个，人家就是随机，就是看心情。

与直播首发的那天早上一样，我早早地来到了公司，踟蹰了一个多小时。快到点儿了，我买了一杯咖啡，在会议室一边喝着咖啡提神，一边等待着今天艰难谈话的到来。

第一位全职员工到了，我把她叫进了会议室，看得出来她也有些不自然。毕竟我大晚上地给人家发信息说第二天要聊一聊，从她的视角看也一定会觉得奇怪与忐忑。

我把凳子往前挪挪，调整了一下坐姿，尽量坐得深一些，背挺得直一点。我将双手放在桌上，为了让自己显得更自然，我手里还拿着一支笔——我需要借助一些器物来释放自己同样不安的情绪，这是我多年来的习惯。

不过我还是有一些辞退员工的经验的，我知道，当她坐下来的那一刻，我必须开门见山地告诉她此次谈话的目的，而不是先回忆过往兜圈子。

我非常诚实地告诉她："由于我前几个月的过度乐观与一系列错误决策，耗费了公司账上大量资金，导致公司账上的'余粮'不多，而且，我们现在每月的现金流基本是负向的，更糟糕的是，我也没有特别好的阶段性的策略能够解除公司的危机，所以我决定先节省开支，让公司先活下去。"

我说这些话时，虽然一直战略性地看着她的眼睛以表示某种尊重，但实际上我运用了某种"眼神交流"的技巧——我其实只是盯着她鼻梁到额头之间的区域，这样对方会感受到我直视着她的眼睛，而我自己知道，我与她的眼神对视少之又少，我很刻意地躲闪掉了。我想她也一定观察到了，我在说这些话时，两只手会不自觉地把玩手中的笔，笔盖不断被我打开，按上；再打开，再按上。

说到关键点了，我深吸了一口气说道："虽然从个人情感上，我对你们感到非常抱歉与不舍，但我毕竟还是要让公司活下去，所以我在犹豫了很久后，还是非常抱歉地决定让你们先离开公司，如果未来有幸我能做得更好，有足够的资金请你回来并且你也愿意回来的话，我们可能会在未来的某一个时间点再次相遇。这一次确实非常抱歉，我也会尽我所能帮你们内推一些岗位，让你们能尽快开始新的工作。"

不知道这些话听起来会不会很像某种"裁员标准话术"，但天地良心，我当时确实是怀着真挚、不舍、内疚的情感说出来的。

这位员工在我创业前就是我的得力部下，我和她已经非常熟悉了，当我说完这些话，我能感受到她对于我突然裁员的震惊，同时也能在微妙的气氛中感受到一丝理解，虽然此刻，她一句话都没有说。感同身受其实是不存在的，我们无法真正设身处地地理解他人，也正因为如此，每当我稍微感受到别人的体谅之情时，就已经觉得是莫大的宽慰了。毕竟，每个人都在经历别人一无所知的"战争"。

可能是因为我已经把最重要的部分表达完了，所以此时我反而放松了下来，没那么紧张与不安了。她从走进会议室的那一刻心里就悬着的石头，此时也终于落地了，她似乎有些莫名地长舒了一口气。于是我俩打开话匣子聊了很多，我聊了很多我最近的痛苦与未来的规划，她聊了很多职业的希冀与阶段性的迷惘。我们聊了很多实际的事儿，也扯了很多完全不着边际的事儿。最后她说，她能理解我的这个决定，并且表达了在她入职下一家公司前，如果我有需要，她可以随时给我帮忙，免费的。我感谢了她的好意，但拒绝了，我确实抱着某种歉疚的心情希望她能尽快地、全身心地投入下一份工作。

我原本预计半小时能聊完的对话，已经聊了快俩小时了，按这个进度下去我今天都不一定能聊完，于是我赶紧结束了对话。

她离开会议室后，正襟危坐的我瞬间瘫在靠背上，赶紧喝了两口咖啡，缓了缓神，虽然此刻我非常想休息一下，但时不我待，我赶紧打起十二分的精神，叫来了第二位员工。

我把刚才给第一个人讲的开场白又说了一遍，如此反复，当天我与要裁员的 10 个人挨个聊了一遍，虽然每个员工的反应不尽相同，但大家总体上还是表示理解的，并没有意料之外的情况发生，这也让我长舒了一口气。

那天我一整天都没有吃饭，一是确实没来得及，二是我本就毫无食欲。与最后一位员工聊完已经快晚上 8 点了，天完全黑了，我从椅子上站起来，觉得浑身都疼，身心劳累程度到达了顶峰。说了一天话，还一点儿东西没吃，我此时觉得有点眩晕、想吐，赶紧猛灌了几口热水，终于好一些了。

我走到窗边，瘫坐在懒人沙发上，沙发很软很大，能把身材并不魁梧的我完全包裹进去。第一天直播大卖的凌晨，我就是瘫坐在这个懒人沙发上看窗外的夜色。如今从 17 层往外看，此时的车水马龙与当时几乎是一样的，而我的心情却出现了过山车式的大逆转。

我瘫倒在沙发上，感觉全身上下就只有嘴能动了。我给建议我裁员的那位创始人朋友打了个电话，向他详细地描述了我此次裁员有多痛苦、多纠结，以及今天一整天裁员的经过，还有我此刻疲惫又无助的心情。

本来想从他那里获得些许安慰，奈何对方太直男了，根本没有听出我求安慰的意思，反而转头给我泼了一盆冷水："裁员最多只能让你轻松一阵儿，一小阵儿，就像你在职场中涨了工资，你的开心不会超过三个月，裁员虽然让你现金流短暂正向，但根据我的经验，你最多能够轻松俩月，还是得想一想：下一步要怎么办。"

09

运气的错觉：
很多事情只是看起来简单

"不要太乐观"

我想起了发售前的一件小事。

就在首发的前几天，一位年长我很多、创业多年并小有成就的 CEO 朋友找我吃饭聊天。在饭桌上，我眉飞色舞地向他介绍：我的产品有多好、实验有多科学、卖点多么炸裂、性价比多么吸引人，我甚至向他描绘了上半年的公司计划和增速预期。

他一边吃一边听，没有打断我。等我一通输出之后，他放下筷子，语重心长地对我说："你说的这些都很好，我也相信你一定能做得比绝大多数人都要好，但你要记住一句话——不要太乐观。"

我当时还有点蒙，心想刚才是不是我过于眉飞色舞，让他觉得我有点儿过度自信了？就像小时候母亲经常告诫我"要谦虚"一样，我把这句话当作长辈的劝诫。我虽然连连点头，内心却没当回事儿。我觉得，自己并不是过度自信，而是科学自信，未来半年一步一步怎么做、怎么出招，我都想得非常清楚，而且我就是乐观才创业的啊，我不乐观我创业干吗？

我想，他当时真正想表达的是：创业远比我想象中的难得多。我们总以为，创业是从平地上开始努力攀上某座山峰。

实际上，当我决定创业的那一天，就好像先掉进了一个大坑里，要费尽九牛二虎之力，才能勉勉强强爬到平地。

我也是经过了这半年才真正明白"不要太乐观"这句话的真正含义。

很有意思的是，我后来再遇到一些刚创业的朋友，都会以亲身经历劝诫他们："不要太乐观。"但这种奇妙的循环就像当我读大一时，学长学姐叮嘱我要好好学习，我不以为然，当我读大二了，我叮嘱大一的学弟学妹要好好学习，学弟学妹同样不以为然。有些循环一定会发生，有些覆辙一定会重蹈，这不是某种知识或经验的简单传递，而是需要经由多维的人生体验，甚至发生人生的某些化学反应才能领悟到的切身感受。

运气的错觉

前几天我读了娜塔莎·道·舒尔的著作《运气的诱饵》，书中介绍了赌博产品是如何设计以至于让人着魔似的不断加注，甚至孤注一掷的。书中提到了一件令我震惊的事，美国博彩协会（AGA）公布了一个调查数据：在所有赌博行业的利润中，有85%是来自机器，而最出名的机器莫过于我们熟知的老虎机。

书中写道，机器赌博有非常鲜明的特点：孤独、连续、下注频率高，无须"等马跑完、等荷官发牌、等轮盘转停"的机器赌博，每三四秒就能完成一局，借用行为心理学术语，在所有赌博活动中，这类赌博的"事件频率"最高，这是终极的成瘾养成装置。

高频、惯性，确实会把人卷进某种运气与赌博的旋涡里。

与其说是运气的诱饵，不如说是运气的惯性。在三四秒钟就能完成一局的老虎机赌博中，特别是在前几盘都"手气好"的时候，人们会习惯于把"赢"当作应得的，把"偶尔的输"当作一时疏忽或误差。注意，这里的"偶尔的输"

我打了引号，实际上在上帝视角下，人输给机器的概率一定是更高的，但在运气的惯性下，我们的大脑会倾向于隔离"输"的记忆，强化"赢"的记忆。

这也是为什么像我这样的大厂高管创业者，在创业时总有那么一两个阶段会"被事实重创"，我们也被运气惯性麻痹了。

以我自己为例，我虽然没有赶上互联网发展的黄金时期，但也算在不错的时机进入其中，当我转到教培行业做增长时，刚好赶上了教培行业增长大爆发的窗口期。当我们在一个飞速发展的行业取得了一些成果，主观上很难把这些成果"归功于行业本身"的风口，我们很容易把这些成果与自己的能力、学识、眼界挂钩，而实际上，运气起码占了一大半。

抛开行业上升期红利，即使在一个非上升期的行业或公司，你在公司里做成了一些事儿，拿到了一些增长的结果，也很容易把这些成果归功于自己的英明决策。但事实上，当你身处公司之时，本身就处于巨大的运气之中。比如，公司帮你做了兜底，你不用担心自己的错误决策把公司搞黄；公司的薪酬体系还可以，你可以招到资质还不错的下属；你所在的公司在行业里小有名气，无论你做什么都一定程度上得益于公司的品牌背书等等。良好的公司本身就是一个社会机

器，身在其中，无论是谁，无论怎么做都不会太错。

我创业后时常跟别人说，我们总是把成功归于内因，失败归于外因，真相可能恰好相反。

豌豆荚联合创始人王俊煜回顾他在豌豆荚的一些决策失误时曾说，他错误地解读了豌豆荚在 2012 年和 2013 年高速发展的真正原因。他说，从现在往回看，当时豌豆荚发展如此之快，包括在 2014 年 1 月获得了软银 1 亿美元融资的真正原因，其实是"大势"。当时智能手机发展速度极其迅猛，谷歌退出中国后，安卓手机上没有好的 App 应用市场，所以豌豆荚就脱颖而出了。

当然，豌豆荚也有做得很好的地方，比如非常重视工程师、重视产品、打造了谷歌化的公司文化等等。这些确实起到了一定作用，但都不是决定性的。在豌豆荚内部，他们错误地把公司的飞速发展归结于自己的努力，并且相信只要继续努力，公司就会一直快速发展。现在看来这种归因是有问题的。后来安卓市场受到百度、腾讯等巨头的重视之后，豌豆荚的竞争力就开始直线下降。

王俊煜老师后来还打了一个比喻：有时候，企业就像一座飞速上升的电梯。电梯里有人静静地站着，有人在倒立，有人在不停地跑圈，等电梯升到最高层的时候，每个人都认为自己做的事才是让电梯上升的最重要的原因，但实际上这和事实相差太远了。

的确，人是喜欢因果的动物，很多时候我们希望在成功的事件中找到"原因"，以证明自己决策的有效性，也想借助对"原因"的探究，在未来不断复制事业上的成功，我们似乎很难主观地承认"我是稀里糊涂成功的"。

在运气中积累

大家也不必太过沮丧，身处运气之中其实是好事儿。这并不是鼓动大家赶紧脱去运气的外衣证明自己本身的能力，而是希望大家能更客观地看待自己与公司、行业之间的关系。

从个人视角，如果你身处职场，与其花时间抱怨同事不靠谱、老板烦人，倒不如看看能否从当下的事情中积累一些可复用的经验与能力；从公司视角看，如果某公司正在乘着某阵东风快速增长，也别忘了修炼基本功，积累有别于同行的核心能力。巴菲特说："潮水退去，才知道谁在裸泳。"无论身处哪个潮水之中，我们都不要成为裸泳的人。

现在再来回味一下那位 CEO 前辈说的："我也相信你一定能做得比绝大多数人都要好，但你要记住一句话——不要太乐观。"我想，这句话除了表达"创业远比我想象中的难得多"之外，可能还有另一层含义：创业之所以难，恰恰难在我们要剥离运气的滤镜，真的白手起家。虽然创始人有的在职场中很优秀，但因为运气的滤镜，我们总是会低估创业的真正难度，这也是创业的失败率是 99.99% 的真正原因。

裁员之后我又找这位 CEO 朋友吃了顿饭，我从几个月前的眉飞色舞变得有些垂头丧气。也不知道是安慰我，还是他真的发自内心，这一次，他说了一句和之前完全相反的话："虽然你阶段性结果看起来不是很乐观，但你能走到今天这一步，公司还没有黄，业务仍然在缓慢增长而不是走下坡路，已经做得比大多数创业者都要好了，乐观一些，加油！"

第二部分

以最悲观的心态，
做最乐观的努力

01
与高强度的焦虑共处

焦虑与压力

　　裁员之后的一个月，我依旧处于非常焦虑且沮丧的状态。按理说，裁员后员工变少了，工作量并没有减少太多，我应该更忙了才对，事实也确实如此。可我并未迅速恢复到战斗状态，我变得更加寝食难安，甚至完全无法集中注意力，每天也不再是踌躇满志地去往公司。相反，我一到公司看到仍然在岗的兼职员工们，焦虑再次涌上心头。虽然已经堆了很多活儿了，可我什么也不想干。

　　给大家形容一下"焦虑与压力"这条"黑狗"是如何影响着我的生活的：

　　虽然创业看起来时间很自由，但其实我在精神上无时无刻不在工作，以至于无法真正把工作与生活分离开来。原本生活中美好的能缓解情绪的事，比如，一直坚持健身的我，创业后基本没去过健身房；平均一周看一本书的我，近半年来没有完整地看完一本书。

对于一些原本我很想尝试的新事物，并没有足够的心力开始。比如，我一直想学打网球，可一想到打网球还需要我投入时间、精力、体力，再看看现在创业的缓慢进展，我甚至会下意识地责怪自己：业务都还没搞定，怎么还能分心去干这些事儿？

在这样焦虑又沮丧的状态下，我内心仿佛有一个黑洞，甚至逐渐丧失了对美食、美景的欲望。以前我喜欢去打卡各种小吃店、苍蝇馆子，自创业以来，我没有一丁点儿想要外出寻觅美食的欲望，周末也不想出去溜达，连走在满是落叶的林荫道上，也无法发自内心感受它的美好。

最后也是最要命的，我的创造力似乎大不如前了，或者更直观地说，我感觉自己仿佛失去了某种灵性。我以前属于"点子王"型的选手，每天都会不自觉地迸发奇思妙想来解决困境，现如今大部分情况下，我需要强行把自己摁在电脑前，强迫自己"调用"创意系统才能稍微有所思考。

以上的这些变化，不是某一天醒来突然就出现180度大转变的，而是一个缓慢下坠的过程，我甚至能冷静地观察到

自己的这些变化，也知道这条情绪"黑狗"正把我带向一个
不好的方向，但我拽不住它。

我是不是抑郁了

我一度怀疑自己是不是抑郁了，于是去北京安定医院
（北京著名的精神类疾病医院）做了个详细的检查。

说来神奇，这也是我第一次知道抑郁症是怎么做检查
的。我以为会在一个四四方方的温馨的房间里，一个中年大
叔或者老爷爷与我对坐在沙发上，等我落座冷静下来后，就
开始用他充满磁性的声音询问我各种问题，从而在谈话中判
断我是否患有抑郁症。

事实上完全不是这样。现在检查抑郁症的方法非常科
学，是物理检测+心理测评的综合判定。比如，先做一个脑
电波测试，紧接着，让我盯着几张类似的图，找出它们之间
不一样的地方，通过探测我的目光在屏幕上的聚焦点，评估
我的注意力集中程度。还有就是在我头上插一堆接收器，然
后突然告诉我某个字，让我用这个字尽可能多地组词，从而
判断我的创造力是否有某种阻断。也会有像按摩椅一样的机
器，躺上去五分钟就能检测我身体肌肉的劳累与劳损程度。

当然，还需要做几百道与心理有关的测评题，辅助判断我当下的心理健康程度，比如，有无自杀倾向、是否过度自卑等等。

总之就是主客观结合，非常科学。我全套测试下来，医生结合仪器检测指标以及与我的一些谈话，得出的结论是：我的身体并没有过度劳累的现象，但注意力有一定程度的涣散，思维时常会有断电般的卡顿，最重要的是，我当下的心理状态确实是过度焦虑且沮丧的。

不过我并没有被确诊为抑郁症，医生告诉我，我的这种状态确实比普通人的情绪更糟糕，但还不到抑郁症的程度，医生建议我多到户外走走、多运动、作息规律，虽然不用吃药，但需要靠我自己努力调整状态。

走出医院的一瞬间，我突然有了一种难以言喻的复杂感。几小时前我刚走进医院时，非常害怕被确诊为抑郁症，当医生明确告诉我这不是抑郁症时，我又有些沮丧，有那么一瞬间我竟然希望自己真的得了抑郁症，似乎这样就能把我这段时间的焦虑和沮丧归咎于"我得病了"。但现在我没有了任何外在的借口，也没有办法像抑郁症患者一样通过吃药来缓解情绪，我知道，此刻只能靠我自己了。

走出医院，我猛吸了几口新鲜空气，一阵疲惫感扑面而来。那天我其实什么事都没做，睡到中午才去医院，我甚至没力气走到地铁站，于是叫了一辆出租车，坐上车有一点儿莫名的头晕、想吐，我赶紧把车窗开到最大，让风呼呼呼地灌进来。

我坐在出租车后座，整个人处于某种完全放空的状态。人在放空时总会瞎想一些平时不会思考的事，我突然好像抽离到了一个第三人的视角，好像此刻在车内狭小的空间中飘荡着一个虚拟的我，看着这个沮丧的实体的我，那个虚拟的我突然开始思考：我到底在沮丧什么，真的仅仅因为亏损额太大吗？还是我没有自信了？抑或我觉得自己很失败？

我想，我当下的沮丧与焦虑，说到底是对自己的不满，觉得自己"应该做到却没做到"。是呀，毕竟我当时的规划是销量逐月上涨的优美的上坡曲线，没想到在第二个月就断崖式下滑。但如果在这里仔细深究一下，我的那个上坡曲线是怎么"预期"出来的呢？

我想起创业初期，我与一个宠物品牌 CEO 朋友做了深度沟通，他属于非常早期进入抖音的，也吃到了这个渠道的红利，单月快速突破了 500 万元的营收，在我年初产品发布时，他已经突破了单月 1000 万元的营收，仅仅用了一年的时间。

我觉得他很厉害，同时发自内心地觉得，我并不比他差太多，我觉得我也能画出这样优美的增长曲线。更夸张的是，这位 CEO 朋友不断给我加油打气，说我肯定可以，甚至身边很多朋友自从知道我要创业，也不断地表示"我觉得你可以"。这就很要命了，我早期的目标是建立在"我觉得我可以，别人也觉得我可以，那我大概率肯定可以"这种奇怪又神经的感觉中，以至于我在创业初期对未来的预期充满了莫名其妙的乐观。

我突然意识到，这样的节奏预期并不合理，且不说人与人之间底层能力的差异，时机也不一样，毕竟今时不同往日。但怎样的预期和节奏才合理呢？我竟然一时间回答不上来了，我们对自我的预期大部分建立在对某些社会锚点的比较之中。

我坐在车里漫无目的地刷着朋友圈，突然看到有人推荐的一本书《也许你该找个人聊聊》，这是一本跟心理学、抑郁症相关的书。虽然我并没有患上抑郁症，但我鬼使神差地打开了手机通讯录，想着我也去找人聊一聊吧，也许会找到上述问题的答案。

说来也巧，前几天我直播时，有用户在直播间里问某某品牌的猫粮怎么样，他问的是一个头部品牌，确实做得挺好，于是我顺便在直播间夸了几句这个品牌。赶巧了，这个品牌的 CEO 当时刚好在我的直播间里，听到我在夸他们，转手就给我的直播间刷了一个大火箭，真的是霸道总裁呀！

后来我俩还加了微信，我在北京，他在上海，我们寒暄了几句客套话就没有深聊下去。此刻，我翻着手机通讯录，想着，要不就去趟上海约他见面聊聊吧。

于是我点开他的对话框，说："×总，过几天我刚好有事要去趟上海，不知道您有没有时间，想去拜访您，请教一下。"

明明是专门去拜访人家的，非要说是顺路，啊，我这该死的自尊心。

02
原来问题出在"我想要"

 我与上海的某品牌 CEO 约定在某个工作日上午见面，我提前一天到了上海，下午办完入住后就在附近散心。在上海，漂亮的小姐姐与帅气的小哥哥随处可见，他们穿着亮丽的衣服，化着恰到好处的妆容，佩戴着精致的饰品，而我穿着 Oversize 的短袖和大裤衩，与精致的上海格格不入。

 晚饭时分，我溜达到一个很深很窄的巷子里，远远瞅见巷子尽头有个小饭店，只有几张桌子，甚至没有门脸。以我的经验，这种店的饭菜肯定好吃！我走进店里快速坐下，点了店家的招牌上海菜——"响油鳝丝"，吃了两口：啊，太齁了！

 难怪很多情感博主会天天鼓吹，要是郁闷了就去陌生的地方旅游，不得不说，在上海的这半天确实比在北京松弛一些。吃完饭我沿着大马路散步，入夜的上海有些许凉风，晚上 8 点的上海与北京无异，仍然车水马龙，路人行色匆匆。回到酒店洗漱完毕，我"大"字形趴在床上，突然对明天的谈话产生了些许期待。

我们约的时间是上午 10 点，我提前 20 分钟到达，在前台等着。

不一会儿，远远看见他从大门走进来，迎面而来的一瞬间，我发现他跟我想象中的霸道总裁完全不一样——白色的短袖，灰色的亚麻长裤，还背着一个黑色大书包，一边招手，一边微笑着大步朝我走过来。

他把我带到了他的办公室，办公室非常大，临街有一扇超大落地窗，跟我想象中金碧辉煌又略带土气的办公室完全不一样，甚至还有点素净典雅。

我们聊了一上午，我本来想找他请教一些具体的营收增长策略，但是我们压根没聊这个，而是聊了一些更底层、更开阔的话题，主要包括以下四个方面。

第一，创业初期不要铺太多产品，要力出一孔。

往大了说，这样有利于在消费者心中建立良好的品牌心智，大家一提到你，就知道你们家的爆款产品是什么。往小了说，能最大限度帮助初创公司节省资金。

他说："你别看我们现在有这么多产品，猫粮、狗粮、营养品、冻干、零食等什么都有，甚至还有很多周边产品，但创业的前几年我们的产品不超过 5 款，并且我们只专注做宠物营养品，比如，给猫吃的鱼油、给狗吃的钙片等等，定位就是一个宠物营养品公司。创业初期如果产品铺得太多，万一出现任何品控问题，损害早期忠实用户的体验就会得不偿失。"

第二，目标设定要科学合理，不能攀比。

聊到这儿是因为我向他讲述了自己这半年的心路历程，我问他："你觉得我今年给自己和公司定一个什么样的目标比较合适？"他说："活下去，不破产，保持持续经营，就已经很好了。"我若有所思，没有说话，一时间也不知道该怎么接，我确实从来没想过公司不破产就可以了。他看我面带疑惑，疑惑中还透露出一丝沮丧，就开始跟我分享他们公司的发展历程。

他们公司创立至今快 20 年了，他告诉我，别看他们现在已经做到宠物行业头部了，年营收几个亿，但他们创业的前 5 年，每个月只有大概 20 万元的营收，并且，利润是负的，是亏钱的。

他说，宠物食品本来就是一个慢生意，因为猫粮狗粮都是重决策产品，猫主子不会没事儿给猫换粮的，这也就注定了宠物行业是一个慢的生意，即使用户要换你的猫粮，也是随着你的品牌声量越来越大、口碑越来越好逐步迁移的，不太可能你砸一波广告，销售额就猛然拉升，更何况你还没花钱砸广告。他劝我要有耐心，不要太乐观，也不要过于沮丧。

他问我，今年原本的目标预期是多少。我说，到年底单月做到 100 万元的营收。不过，我说的时候有些磕巴，明显不太自信。他又追问我，这个目标是怎么定出来的？一下子给我问蒙了，是呀，我这个目标是怎么定出来的？再深入一想我都觉得尴尬，确实没什么逻辑，就是：我想要，我想要这个营收，这好像是某种欲望的幻觉。

这人啊，当了一把手，除焦虑会增长外，欲望也会同比增长。

第三，不要关注所谓的大盘趋势，大盘跟你一点儿关系都没有。

交谈过程中我提到一个数据，我说公司主打的是主食冻干这个品类，但我研究了一下，放眼整个宠物行业销售额的大盘，主食冻干品类并没有太大增长。

他喝了一口茶，露出一口白牙和过来人般的微笑："就你们现在这点儿体量，根本不用关心大盘，大盘增长与下跌跟你一点儿关系都没有，不要给自己徒增烦恼。"

我反问他："那你们这种体量的公司会关注大盘吗？"

"也不会。"

我很纳闷儿："为什么？"

他笑了笑："因为我就是大盘。"

确实，他们的量级目前已经是行业前三了，在宠物营养品这个品类中已经是妥妥的行业第一。他说："我只要营养品再砸一波广告，再增长一倍，就会带动中国宠物营养品大盘的上涨，但你说这是因为猫狗的营养品需求真的在上涨吗？某种程度上可能也有，但我非常清晰地知道，这是我自己打广告砸出来的结果。

"或者这么说，等你做到头部的时候，你其实是在帮整个行业教育市场，所以我并不关注大盘，我也不关注比我更厉害的老大哥们在哪些方面有增速，我反而更关心最近行业里有哪些新的技术创新与产品创新，于我而言，这比大盘浮夸的数字重要百倍。"

他还说："其实对于你们也是，你们还太小了，大盘的涨和跌都影响不到你们，与其关注大盘、关注对手，不如关注自家的用户与产品口碑，大部分的行业报告都会向你展示，整个宠物行业有多疯狂，哪家公司又弯道超车了，哪家公司在海外上市了，但这都不是全貌。你天天看这些不得焦虑死？"

第四，关注口碑>关注规模，做好产品与复购才是王道。

抛开风口问题，消费品归根结底还是产品与口碑的生意。他说："你刚才跟我聊，你从 0 到 1 时，非常在意用户的关注点，甚至找到了一个非常不错的卖点，直播也让你离用户的声音很近，这是你的优势。虽说你现在遇到了一些增长瓶颈，但你不应该从我这儿找答案，你应该从用户身上找答案。

"以我近几年的切身体会，如果你真的把自己投入与用户的对话、研究，你的焦虑与沮丧感可能自然就消解了。而且，现在这些媒体平台，如抖音、小红书等，都是年轻人喜欢的，恰恰是你们这些年轻创业者的机会，像我这种中年大叔最近也在努力学习直播，努力不被时代落下。"

不得不说，"关注口碑"像是一记闷棍，突然把我从睡梦中敲醒了，准确地说，是把我从假寐的状态中敲醒了。

我早期真的非常关注用户口碑，关注他们在选择、比较产品时真正在意什么，我甚至经常偷偷登录客服账号与用户聊天，确实得到了很多一线真实的用户声音，这些反馈在早期选品、定价、卖点方面给了我很多灵感。比如，我们的第二款产品"猫的补水汤包"之所以卖得不错，就得益于我跟用户聊天过程中，他们经常反馈猫不爱喝水的这个痛点。

自从产品销量急速下滑、公司裁员之后，我似乎被笼罩在一种奇怪的乌云之下，这些原本我擅长且感兴趣的事一下子被遮住了。说到底，就像这位 CEO 说的那样，消除焦虑无非就是建立合理甚至是较低的预期，多关注用户、口碑与产品，拿到具体的反馈，思考具体的事情，少关注"大盘数据"，少关注竞争对手的得失——这些道理说起来都非常的朴素简单，但倘若不是有过去三个月的经历，我无论如何也想不到，我会被这样简单的道理唤醒与打动。

临走时他把我送到电梯口，对我说，创业不容易，一定要有恒心与耐心。

我从办公楼出来已经是正午了，天气又热了起来。在回程路上，我想起很早之前看过的关于邓亚萍的一个采访，她说乒乓球比赛是 7 局 4 胜，如果运动员 3：0 领先，但被对手一路 3：1、3：2，直至追平到 3：3，此时，这名运动员有极大的概率会以 3：4 输掉比赛。

因为乒乓球比赛除技术与战术外，还有一个很重要的制胜因素：气势和信心。一个绝地反击追到 3：3 的选手，他此刻的气势与状态一定远胜于连输 3 局的对手，因此先以 3：0 领先的选手被反超的概率极大，这样的案例在乒乓球比赛史上不胜枚举。

邓亚萍说，如果此时你是那个被反超至 3：3 的运动员，教练员此刻只会告诉你一句话：把 3：3 当作 0：0 来打，忘记之前所有的分数，你就想象现在你刚刚踏上这个比赛场地，刚热身完，现在马上就是开局第一场，心态归零去战斗，专注地打好每一次击球。

虽然我现在还没有获得所谓的"创业的成就"，但经由前几个月过山车似的反转，我现在的心态跟那个连输几局的运动员是一模一样的。一方面想赢怕输，出手不果断；另一方面又陷入深深的困惑与自我怀疑，不断地在心里追问：我这是怎么了？因此，最好的办法是不要总责备过去的自己，要专注于现在，专注于此刻，把今天当作我创业的第一天，重新开始做好每一件事。

想到这儿，我突然感受到了近三个月来从未感受过的轻松，即使在炎热的大中午流了一身汗，也能明显感到身体变得轻盈了，步伐都轻快了起来。这次上海之行啊，总算没有白来。

今晚就要回北京了，我想趁着这股开心劲儿去吃顿好的，已经很久没有这样想要品尝美食的欲望了，于是我来到上海排名第一的蟹黄面馆，点了一个顶配版蟹黄面，虾仁、蟹黄满满一大碗，吃了两口之后，不得不再次感叹：太齁了，真的是太齁了！

03
同行 CEO 劝我，去算个命吧

我回北京后见的第二位宠物创业者是一个小姐姐，她之前是做 VC 投资的，前几年觉得宠物行业非常有前景，融了一笔投资就开始下场自己干，今年是她创业的第四年。

我和她很早就加了微信，当时我还没创业，加微信后我们也没聊过天，纯朋友圈点赞之交，不过我一直在朋友圈围观她的创业历程，她的品牌虽然有了一定知名度，但营收规模远没有上海那个品牌大。她与我年纪相仿，我想，也许她能给我一些同辈创业者更能感同身受的建议。于是我从上海回来就赶紧约了她，想着网友见面认识一下。

我俩约在北京一个非常繁华的商场里，她还贴心地选了一家我爱吃的川菜馆。看到她的第一眼，我由衷地感叹：啊，小姐姐长得真是太好看了！

这销量也太小了

如果说在上海的聊天更像前辈对学生的教导，这次的聊天就特别像学姐和学妹之间的交流。

眼前这位小姐姐一毕业就去了知名投资机构做风险投资，也赶上了中国风投的黄金期，后来发现自己还是更想下场干事，就开始寻找创业的方向。

也是借由内部大量的投融资数据、行业数据，她发现当时的宠物行业正处于高速增长期，一方面大家的生活条件变好；另一方面年轻人养宠的需求也在日益增加。更重要的是，随着年轻一代的成长，他们并不迷信进口产品，国货品牌有了很大的市场窗口期。加上她也是一个爱猫养猫的人，于是毅然决然地放弃光鲜的投资人身份，躬身入局，开始做自己的宠物消费品品牌。

虽然那个时候经济还处于上升期，但从 0 到 1 的起盘远没有她想象中那么容易。通过交谈发现，可能因为我俩背景经历比较相似，创业初期我们踩过的坑都很类似：比如，去工厂做货得先拼酒量，在初期就扩展了一堆商品，等等。聊到相似之处，我俩总是相视一笑。

我好奇地问她："现在创业的第四年，你们单月的营业

115

额到多少了呀？"

她说："也就 300 万元左右，而且是在有广告费投入的情况下。"我一脸震惊，我以为怎么着都得过千万了吧，没想到才 300 万元。或者这么说，在我之前的想象中，创业三四年后，单月营业额过千万应该是一个非常基础的、能留在牌桌上的数值，没想到竟然只有 300 万元。

她并不是个例，我后来又见了好几位与我年龄相仿、创业三四年的创始人，大家的销售额都在单月三四百万元，并没有我想象中的那么多。更重要的是，这几位与我年龄相仿的创业者，背景都十分优秀，都在风口时拿了融资，在这几年的创业过程中，虽然也走了一些弯路，但没有犯过致命的大错，竟然才做到单月 300 万元的销售额。

这让我继上海之行后，第二次对自我预期进行反思。现在想来，我那种觉得自己第一年年底就能做到单月 100 万元规模的预期，确实毫无来由。

不过这位小姐姐十分善解人意，她看出了我当下的焦虑和不自信，以及我在当下这个节点上的不知所措。于是她坚定地告诉我，这几年她也见过许多宠物创业者，有的做得还行，但绝大部分创业者都在亏掉本钱之后黯然离场，甚至有很多人只是把产品做出来了，一顿猛打广告，投入广告费后并没有沉淀出自己的用户，于是也退场离开了。像我这样一分广告费都没花，还能成功发售有一波收入，也有了初始用户基本盘的初创品牌，已经算做得很不错了。

怎么说呢，我相信她此刻一定有安慰我的成分，但一定程度上可能也真是如此，我借由她的话也找到了些许自信。长辈的鼓励和同辈的鼓励好像真的不太一样，如果说上海的谈话让我屏蔽了外界的噪声、建立了合理的预期，那么今天的谈话更多的像是获得了同辈的肯定与宽慰，让我在黑暗中瞥见了一丝光亮。

去算个命？

这顿饭接近尾声时，我俩正经业务聊得差不多了，她突然对我说："以后你要是再觉得焦虑或迷惘，我倒是有个建议，"说到这里她神秘一笑，"这个建议我一般不轻易跟别人说，但用过的人都说好。"

我赶忙放下筷子，竖起耳朵问道："什么建议？"

她说："你可以找个大师算一下事业运。"

"啊？"我又是一脸震惊。

她补充道："我创业的第一年也像你一样非常焦虑，自信心也备受打击，觉得很挫败。我理性上觉得应该能行，但就是提不起精神。当时正好是新年，我妈带着我去五台山找大师算了一卦，大师说我那一年的事业运非常好，让我努力加油干。这话要是从任何一个朋友的嘴里说出来，甭管他多厉害、段位多高，我都觉得他肯定是在安慰我，但从大师嘴里说出来就不一样了，的确有种神奇的魔力。我原本完全不信这些，但当时不知道怎么的，就是突然全身都充满了力量，哪怕是当时五台山上稀薄的阳光，都感觉这是上帝的微笑在笼罩着你。真的，特别神奇，你要真的觉得情绪上不得劲儿，不妨找个大师算一算。"

我一下子不知道该如何回应，从来没有人给我提过这种建议。

我追问道："要是大师算出来我明年不好怎么办？"她说："这你就不懂了吧，运势一般讲究的是周期，如果你明年不好，大概率你后年会有起色，你要知道你后年有起色，你明年不也干得挺有希望的吗？"我琢磨了一下，总觉得哪里怪怪的，但又说不上来，不过经她这么一说，我鬼使神差地是有点儿冲动想去算一卦了。

我俩在地铁站分别了，各自上了不同方向的地铁。我在地铁上回味这一顿饭，基本上已经忘了在前半段聊了些什么，唯独算卦这事儿印象深刻。回到家后我瘫在沙发上，打开微信，找到一个常年混迹在"神学界"的朋友，我问她："有什么靠谱的大师推荐吗？我想算一算我今年的事业运。"

这个朋友后来跟我说，收到我这条微信时，她几乎是从沙发上瞬间弹射起来的，真的是太阳打西边出来了，没想到我这个只相信逻辑的人，竟然想要算一卦。

她一边这么想着，一边把这条微信拿给她老公看："你看看，我说吧，这创业啊，确实改变人，啧啧啧。"她随后给我推荐了一位前同事，说这位大师现在有正经工作，兼职算卦，价格不贵，很适合我这种穷酸的创业者。

我连连称谢，约了大师最近可约的档期，大师问我要远程还是来现场，我问："来现场会更准吗？"大师一直没回我信息，给我整得有点紧张，不知道是不是冒犯了他的算卦精准度，于是我赶紧补了一句："去现场，去现场。"

又是一个夏季炎热的下午，我在一个写字楼里见到了"大师"。

怎么说呢，这个大师长得很普通，一点儿都没有我想象中那种神秘的、略有些神叨叨的气质。但我那位"神学界"的朋友说，这大师算得特别准，所以我也不敢造次。

大师什么都没有问，只向我要了生辰八字，对着我的八字瞅了半天，眉头紧锁地在纸上又是写又是画，给我紧张得大气儿都不敢出一个。

过了一会儿，大师把笔放下，问我："你现在是不是正处在事业低谷期？"我当时瞳孔都放大了，连连称是。大师露出了会心的微笑，跟我说了半个多小时，总结起来就是：就这个事业运势来看，我已经干到谷底了，后半年虽然仍然不会大成，但会有一定的起色。也就是说，起码后半年不会

比前半年更差了。

哎呀，怎么说呢，我终于理解了那位小姐姐说的"神奇的力量突然灌满全身"的感觉，走在阳光下，说上帝之光的笼罩有点儿过了，但确实有一种往我的身体里输了 20 斤鸡汤的那种滋补的感觉，全身感到莫名的温暖与希望。

我想，可能是由于创业太像在大海中独自行舟了，是孤独的，也是未知的，算卦这种方式先抛开它准不准、是不是科学，但它传递的这种"神奇的确定性"是每个创业者内心深处极度渴望的。这种"确定性"是良好的自我宽慰，也是自我激励；是疲惫的水手在航海中终于瞥见的坐标，是井底的人突然摸到了一根救命的缰绳，也是平凡如我们对命运想象中虚妄的掌控。它是否科学、是否准确已经不重要了，重要的是，它在此刻真的有用。

折腾了这么一圈，去医院看了病，见了一圈各地的创始人，还找大师算了一卦，我从焦虑、迷茫、不自信，甚至有些自我攻击的状态里逐步走了出来。

我想，我也得振作起来，毕竟公司还没有破产，业务也还在非常缓慢地增长，账上也仍有一定的资金，我还有一定的机会。再说了，大师都说会好起来的，得相信大师呀！

04

重新招聘：小公司招人太难了

重整旗鼓

收拾好心情，我终于以饱满的精神状态重新回到工作中。

裁员像是一个分水岭，过程很痛苦，但缓过神儿后又确实让我的心性有很大成长，仔细权衡后，我做了如下几个决定：

第一，产品线今年不再扩张，之前做的那一堆没有卖完的新品，快速半价清仓，虽然微亏但要快速回笼资金，只保留主食冻干和补水汤包这两款销量最高、口碑最好的产品。

第二，高度关注用户复购率，一定要高于甚至远高于行业平均水平。在没有预算铺广告的情况下，只有复购率做得比别人高，才能有更长久的未来。

第三，不再新开任何销售平台，将销量不高的小红书关掉，只保留当前销量最好的抖音与拼多多两个电商平台，人越少越要聚焦。

第四，也是最重要的，要把老用户的运营做好，把老用户的黏性做得足够强，一方面能够提高复购率，另一方面也能提高老用户推荐新用户购买的比例。

总之，我们作为一个资金量并不大的小品牌，没办法跟人家拼曝光量，就要与用户深度连接。说得更直白一点儿，当用户量不大的时候，最好就是来一个转化一个，不要有漏损，并且让他持续复购，使他成为我们的铁杆粉丝。

这回我学聪明了，不再盲目乐观了，本着做起来再招人的原则，全员兼职这个班子维持了两个月左右。在这两个月里，我除做上述四点调整外，也开始了持续稳定的直播以获取新用户，我逐步了解到了不同平台用户购买决策有极大的差异，比如，拼多多的用户更关心价格，并不关心主食冻干吃了会让他家猫便便更少，这也让我们延伸出了在不同平台的卖点。比如，在拼多多上我们就不提功效，只打"高性价比"。

坦率地讲，虽然对不同平台的用户决策有些许洞察，但这些洞察都不足以成为驱动我们进一步增长的巨大杠杆。在第一波井喷式获客后，我们这种没有预算投广告的新品牌，拉新注定成了一件细水长流的事。

这两个月里，我主要发力的方向有两个：第一，恢复了每天规律的直播，通过直播确实能获取一定的新用户；第二，我开始极度重视老用户的运营，重视他们的黏性与复购。

我们会在每个包裹里面放一张小卡片，引导用户添加我们的微信，以后如果遇到任何问题可以马上找到我们，同时也希望借此与用户建立更长期的连接，未来无论是上新、试吃、促销用户都能参与，从而建立用户与我们更深度的互动与连接。

在用户添加微信之后，怎么能够真正与我们产生比较深度的连接呢，总不能天天给他发广告吧？

我发现很多新手养猫人会有非常强烈的与别人交流经验的诉求，一方面，他们总想让别人推荐好的产品。另一方面，当猫咪出现某些小问题，比如打喷嚏，他们也很想去猫友群里问一下，看看其他猫打不打喷嚏，自己的猫是不是生病了，如此等等。

基于大家的这种诉求，我们把铁杆用户拉进了几个交流群，尝试在群里搭建一个让猫家长们能很好交流的场域，如果他们真的遇到特别大的问题，比如猫猫生病了，我们公司也能给予一些建议和指导。除此之外，我们也会不定期在群里做一些活动，会设计一些机制，让特别铁杆的猫主人帮我们介绍一些新用户来试试。

很显然，我们建立社群的目标是获得用户更长期的黏性与信任，虽然看起来就是每天与用户聊聊天，实际要做好却十分不容易，不仅要搭建一个令用户愿意说话的舒适的场域，同时，如果客户有任何不好的体验，也能高情商地化解，不至于让客户粉转黑。除此之外，还需要具备一定的在社群内组织活动的能力。所以说，这个工作不仅需要良好的同理心，也需要不断地琢磨与自我迭代。

之前那几个全职的员工做得确实不错，我也让不同的兼职都轮岗试了试，但无论是用户日常的活跃度还是对于活动的参与度，都明显下降了一大截。

说来也神奇，其他岗位都是兼职，只有社群运营这项工作兼职难以胜任，像视频剪辑、视频拍摄、客服等工作兼职都做得还不错。这是能力问题，是意愿问题，还是钱没给够？把兼职的薪资拉高能达到期待的效果吗？

什么岗位可以用兼职

这就涉及我们是如何管理兼职与全职的，以及二者真正的区别到底在哪里。

不妨思考一下，如果你是老板，你在什么情况下会用兼职？要么是对方有其他工作，不能在你这儿 8 小时全职，比如网店运营；要么就是虽然对方时间充裕，但你安排的工作几小时就能完成，做全职反而工作量不饱和，比如视频剪辑。

你可能会反驳我：电商运营为什么不能让人家全职入职呢？

你太天真了，小公司是招不到好的运营的，这个人但凡想从现在的公司离职，也一定不会选择我，而会选择另外一个更好的、更成熟的电商平台。所以在前期工作量并不大的情况下，兼职对于他们和我都是一个更好的选择。

因此，兼职员工有两大特点：

第一，工作时间的片段性。公司的兼职员工平均一天只干 4 小时的活儿，有一半是远程，有一半是来现场办公，来现场办公的员工也基本是上半天班就走的。

第二，兼职员工对这份工作的诉求很简单，我付出劳动，你给我现金回报。几乎没有人的诉求是我要从这份兼职工作中获得巨大成长。这种心态跟流水线工人很像，我今天活干完了，你给我结账。

这一点从兼职员工的计薪方式也能体现得出来。我对兼职员工的计薪有两种形式，一种是按件计费，比如，视频剪辑，每交付一个合格的视频多少钱，或者我今天要去外面拍视频，他全天跟拍，我支付多少钱；还有一种是按月计费，我们会在月初沟通好本月的基础工作量，比如，网店的店铺运营、客服等。

也正因为这样的交付与结算模式，绝大部分兼职员工的心态一定是达到你要求的最低交付标准线。因此，对兼职的管理一定要明确按时交付的事项、每个事项交付的标准，这种交付标准越详细越好。

比如，我会告诉做视频剪辑的员工，每一句话都要有动效，就得详细到这种程度。你但凡不要求，最后的结果一定是打折扣的，因为你的目标是剪出一条吸引人的好视频，而他的目标是"尽快剪完这一条视频"。如果前期不定好详细的标准，一旦出现分歧，他觉得他努力了，付出了时间，而你觉得他在敷衍了事，没有达到你的标准。结算扯皮或合作破裂都还是小事；最重要的是，这些鸡毛蒜皮的事儿会消耗你很多的心力，非常划不来。

也因为以上两大特点，兼职适合承担能被标准化定义的工作，比如视频剪辑、网店的维护和日常运营，但难以承担需要有很大主观能动性的工作。而社群运营这种需要调动很大同理心以及多种能力组合的岗位，很显然属于后者。

在这两个月中，我看着老用户的活跃度在降低，私信的对话量在减少，心里干着急，决定就这个岗位招一名全职的、更高投入的同事，于是又开始了新一轮的全职员工招聘。但我确实不能像以前那样大手大脚地开工资了，这次我给自己定了一个目标，只能给到 7000 元/月。如果你在三四线城市工作，可能会觉得 7000 元已经是很高的工资了，但在北京这种超一线城市，7000 元真的很难招到不错的人。

裁员后都没人帮我招聘了，又得老板亲自上阵，果然创业公司 CEO 都得是六边形战士啊，于是我在招聘网站上发布了招聘信息。光发布信息还不行，还得买各种会员和道具才能主动和求职者打招呼，招聘平台真是把我们这些小老板拿捏得死死的。

小公司招人太难了

真是今时不同往日，以前我在大公司时，无论发布什么岗位，只要公司名字一打出来，几乎每天都会有非常多的候选者跟我们打招呼，想要尝试应聘这个岗位。现在我的只是个小公司，公司名儿根本没有人听过，而且只开出了每月

7000 元的工资，公司规模全职兼职都算上才 10 个人。这种公司真的很少有不错的候选人会主动来问询，全靠主动出击，主动在招聘软件上联系求职者，发公司介绍信息，问对方有没有兴趣来聊一聊。

即使我投入这么大的招聘力度，最后拿到的简历也寥寥无几。我省略掉筛选简历的环节，只要简历不是完全不能看，都会约到公司面试聊一聊。不过我看了一下，真的愿意来我们这种超级初创的小公司面试的人，要么就是错过校招的待业大学生，要么就是每几个月换一个工作，简历花得不成样子的工作三四年的人，可选范围真不大。

面试了 20 多个人后，有个女生让我眼前一亮：她刚毕业一年，处于职业的迷茫期，不想在大公司里当螺丝钉，想要来创业公司"干一番事业"，谈吐和经历都还不错。

我瞬间觉得捡到宝了。聊了一小时后，我问她预期工资是多少，她说 1 万元左右，我没有急着跟她砍价，反而开始向她介绍我们公司未来的发展前景，以及入职后可以得到的成长，给她说得一愣一愣的。最后我才说，由于我们是创业公司，前期给不了这么高的薪资，只能给到 7000 元。她说她得回去想一想，我们约定了明天之前回复。

接着她追问："咱们公司有几轮面试呀？"我一下子还有点儿蒙，然后用略带尴尬的神情跟她说："我们很高效，只有一轮。"她瞬间露出了某种震惊又复杂的表情。

她走后，我坐在电脑前又觉得刚才"忽悠"得有点儿过了，虽说是求贤若渴吧，但这样容易使她产生过高的预期，毕竟创业公司的业务其实比大公司还要难。再说，人家才刚毕业一年，这饼是有点儿画大了。

于是我当天晚上给她打了个电话，向她客观地描述了我们的业务现状，以及小公司真正的好处与坏处。优点是自由度比较高，没有大厂太多流程性条条框框的束缚；但缺点就是业务不太稳定，抗风险能力远不如大厂。作为刚毕业一年多的人员，此时选择加入创业公司，仍然是一件风险比较高的事，我劝她慎重考虑。

当然，说这些也是为我自己好，我也不希望她入职后，发现这个业务太难做，于是打退堂鼓。

在电话里，我能感受到她对我说的话仍然是似懂非懂的状态，不过听起来应该比下午更冷静一些。挂断电话我长舒了一口气，确实不想忽悠人家，毕竟"己所不欲，勿施于人"嘛。

这个女生最后选择加入我们，她后来跟我讲，其实当天晚上她本来打算拒绝，反而是我那一通很理性的电话，让她觉得我很真实，也很真诚，最后打动了她，让她想试一试。她还告诉我，自己入职前已经做好了充分的心理准备，不会

一碰到困难就打退堂鼓。

至此，我又有全职的员工了。

极细的管理颗粒度

虽然这位新员工已经是我层层筛选过的了，但入职后还是离我的预期有一定差距。

什么是高质量的互动？就是你与他们的每一次对话，都让对方觉得你不是个小客服，你是能够感受并理解他情绪的那个人。

比如，用户问："你们家最近会不会上新品呀？"

小姐姐会回答："啊，不好意思，我们近期暂时没有新品计划。"

这就是"客服式"的回答。仔细琢磨一下，用户问出这个问题，其实代表他对我们的产品很满意，甚至希望能够赶紧买到我们下一款产品，如果你只说"我们没有新品"，用户大概率会感到有些失望，有一种瞬间被泼冷水的感觉。

但如果你这么回答："等我们把现在这款产品再优化一下，马上就会开始做新品了！虽然现在时间还没定，但你有什么建议吗？有想要的产品吗？大声说出你的心愿，我们来实现它！"

你看，这样不仅能帮你们进一步打开话匣子，也会让对方觉得很受重视，这种好上加好的感觉，有助于推进用户与我们的关系。

再比如，快递运输过程中难免会有箱子的磕碰，有时用户虽然收到的产品完好，但箱子被压扁了，包装袋也被压得奇形怪状的，就会有一些不开心，于是拍了一张快递箱被压扁的照片发过来，此时，小姐姐的回答是："亲，不好意思，我们反馈一下快递公司，下次一定注意。"

但仔细想想，这种场景下，用户并不是来找你索赔，他此刻可能就是有那么一点小小的不爽，想来吐槽抱怨一下，如果只是像刚才那样轻飘飘地回答，其实并没有舒缓他内心的不爽。

此时，更好的回答可能是："天啊，这也太过分了吧！这是哪家快递，我现在就去快递群里投诉他们，气死我了！"

然后过一会儿紧接着说："我已经找快递主管投诉了，太气人了！这次实在不好意思，摸摸头~"

你看，你共情了他、认可了他，并且帮他出气了，站在了他这一边。

这些回答能变成标准话术吗？很难，因为你需要设身处地地去理解用户此刻的情绪诉求是什么。虽然这位刚入职的

小姐姐做得比兼职已经好很多了，但与我原来的下属相比还是有一定差距。没办法，毕竟薪资也差了一大截，原来做这个工作的同事薪资可不低。

接下来一段时间，我就根据不同的场景，手把手地帮新入职的小姐姐复盘对话如何做到更好，希望通过我一段时间的复盘与示范，她能举一反三脱离我的指导。我也看得出她很努力、很认真，但她上手的过程仍然比我想象中要更长一些。

这还仅仅是与用户的日常对话，社群活动就更让人头疼了，她几乎毫无经验。我只能耐着性子手把手往细了教，包括每一个活动该怎么构思、怎么发布；活动应该怎么选奖品，实物好还是虚拟物品好，都有哪些利弊；前期要怎么做用户调研与铺垫，活动节奏怎么控制；海报是横屏好还是竖屏好，什么样的标题会更吸引人；甚至活动日应该选在工作日晚上还是周末。

无论是对话指导还是活动指导，这种手把手细致颗粒度，是我做了管理岗后从来没有过的。我这才意识到，创业公司不仅很难像大公司一样招到优秀的人才，要命的是，在这样的人才班子基础上，创业公司的容错度也比大公司低很多。

比如，公司有 30 万用户，基数这么大，随便搞一个活动，哪怕是 1% 的参与率，也有 3000 人参加。但是我们只有几千个付费用户，办一个活动起码要达到 20% 的参与率才会稍微显得活动比较有人气，这对于活动设计的精巧程度、吸引力，本身就是一个很大的挑战。

事变难了，员工的经验又没有那么充足，对于管理者的要求就更高了。我不仅要脑子活，还要事无巨细，甚至要事先预判员工在落地过程中会遇到哪些问题，可能踩哪些坑，并把这些问题提前告诉他们，减少他们犯错的概率，这些都是我以前完全不会涉及的管理范畴。我以前在公司都是习惯性地抓大放小，只抓大方向，从来不管细节，因为细节再差也不会差到哪儿去，大方向不错，结果就不会太差。万万没想到，以前的习以为常，竟然是我现在梦寐以求的状态。

经历了这么一遭后再重新审视我前几年的职场生涯，我才意识到公司在无形之中为我提供了很大帮助。

比如，公司口碑良好，薪资待遇较好，就很容易招聘到行业内中等水平以上的人才，我的下属、同事的工作能力也不会太差。在一个人才密度还不错的组织里工作，无论是横向协同还是向下布置任务，都不需要我操心。退一万步讲，如果发现这个人能力不及预期，也可以马上换掉，甚至可以要求 HR 给这个岗位加一些薪资，招聘更优秀的人才，无论如何都不会面临像我今天一样的窘境，这也是我创业前未曾

料到的。

后来随着业务逐步有了起色，我又招聘了另一名全职员工，薪资也在每月 7000 元左右。虽然他也是我在有限的候选人里"千挑万选"出来的，但是他与第一位小姐姐一样，虽然执行力还不错，但很难举一反三，需要我的管理颗粒度极细，又动脑子又动手。而且，没有了大公司成熟的绩效管理机制，对于员工能动性的激发与管理，更多的就需要靠我的个人魅力与能量了。

都说创业才是真实的商学院，你看，我又被迫学到了一课。

05

没资本的小玩家，
如何留在牌桌上？

　　由于今年的产品线不再扩张，同时，新招聘的员工薪资没有之前员工高，以及我每天直播确实能带来一定的新用户，加上老用户的稳定复购，开源又节流，公司逐步从原来月亏损的状态中缓了过来，虽说无法结余太多利润，但起码每个月的现金流是正的了。

　　正如上海那位 CEO 说的那样，创业初期的增长倘若没有赶上巨大的红利，就如同平地起高楼一般，打地基就是十分缓慢的。虽然我每天直播、定期的社群活动都能带来一些新用户，但是在不投广告的情况下，我们没有找到一个能够爆发性增长的突破点，增长依旧非常线性与缓慢。

　　不过，有了前几个月的经历，我起码在心态上没有那么着急了，也给自己设立了合理的、甚至比较低的预期。我不由得开始思考，像我这样没有资本的小玩家，如何才能长时间地留在牌桌上？

第一，要极致地"抠门"，做一个抠门的小老板。

倒不是说要压榨员工，而是创业初期花钱千万不能大手大脚，浪费不必要的资金。比如，我在创业初期盲目乐观，招聘了薪资比较高的人；所有直播设备的置办，无论电脑还是摄像头、灯光等几乎都是顶配，我甚至没有想过要去二手平台看看；我在北京核心地段租了一个非常贵的高屋建瓴的 **We Work**（共享办公空间），每个月的租金也不便宜，其实完全可以先租个三居室。

大多数第一次创业的人，除了会有不切实际的乐观与自信，还有一个自身不易察觉的因素——我们内心深处或多或少是要面子的。

比如，我的朋友或合作伙伴要来公司坐坐，去一个核心地段高屋建瓴的共享办公空间，躺在柔软安静的沙发区，喝着咖啡聊着天，这样的环境无形中会让我觉得很有面子，甚至身处这样的环境中，我的交谈都会更加自信。但如果把人家叫到一个需要七拐八拐还要上楼才能到的居民楼里，别人一进来看到客厅里摆了两张办公桌，卧室改造成了直播间，虽然对方也能理解我此时创业的难处，但自己终究觉得有些不好意思。

这也是我半年后才意识到的。**We Work** 半年到期后，我果断租了一个大三居室，留了一间次卧自己住，客厅和剩下的卧室分别改造成了办公区和直播间。

虽然我已经有了前半年的心理历练以及对于"面子思想"的自我洞察，但从商务办公区搬到居民楼后，身边的朋友或合作方来找我时，我通常会带他们转悠一圈，象征性地介绍一下我们的"工作区"，然后带他们去楼下的咖啡馆，一方面确实地方太小了，另一方面我对当下居民楼里的办公环境，依然会觉得"有点拿不出手"。

我后来意识到，创业不仅是业务难度系数更大、管理挑战更大，诸如此类的对自我人性的磨砺其实也更大。我不断地经由这样一个又一个细小的场景觉察自己内心的波澜，更加了解自己是一个什么样的人，有哪些弱点。特别是褪去了"看起来很厉害"的职场标签，离开了体面的办公环境后，我该如何审视自己，该如何面对别人的眼光，又该如何与自己的虚荣心相处。

第二，要真正意义上做到"力出一孔"，利用自己最大的优势活下去。

像上海那位 CEO 说的那样，不要关注大盘数据，在我这么小的体量下，关注这些所谓的行业趋势只会让自己徒增焦虑，要关注真实的用户口碑，关注每一天我切实做的事情和改变。

在创业前，我们可能听过一些商学院的课程，或是看过一些商业大佬写的文章，他们都会告诉我们要专注自己的长板，要力出一孔，要单点击穿。我以为已经理解了其中的道理，毕竟这些听起来并不复杂。而实际上，脑子懂了和身体懂了完全是两回事。就像运动员很难在赛场上发挥出自己的正常水平一样，真的到了竞技场上，有可能教练说过的话就全忘了。心态、情绪、状态对于决策质量的影响，没有真正创业、坐过一号位的人，很难从字面上真的理解，就像从未参加过竞技比赛的运动员很难理解，这么厉害的大神，怎么会犯这么低级的错误呢？

在我认识的做得还不错的创业者中，虽然他们都经历过非理性决策的阶段，但都能及时自我调整与觉知，调整心态、情绪、状态，做减法，从而把自己的优势发挥到最大，集中兵力拿到一两个关键结果，让业务螺旋式上升。

初创公司 CEO 不仅在做减法上需要"交学费"，通常还会有一个误区，就是看到别人使了什么招儿有效，就马上抄过来用。我们看到的只是冰山上的一个现象，而对冰山下曲折的过程、付出的代价一无所知。成功归因一定不是单点的，就连当事人本人对自己的成功，都未必能精准地诠释原因与全貌，更何况你只是站在门外看了一眼。

很多创业者，包括我在创业初期，想要四处开花，除本身的欲望与野心外，还有一个原因是我们对自己的业务判断不够自信，我们恨不得同时做 5 件事，想着总有一件事能成功，而不敢轻易地砍掉其中 4 件，我们没有勇气只做那件看起来最关键的事，担心自己作出错误决策。如果时光能倒流回到半年前，你告诉我不要做那么多产品，坚持一款产品打到爆，我未必会听，我那时也会有某种天真的执念，万一其他产品卖得好呢？

做减法需要极大的定力、判断力与勇气，但这不是只靠听就能铭记于心的，需要切身痛过才会幡然醒悟。很多事情，人教人是教不会的，只有事教人才能刻骨铭心。

第三，越是没有资本的小玩家，越要珍惜每一次出招的机会。

我想起了以前读《三国演义》，刘禅即位后，诸葛亮出兵北伐了五次，无论是后勤、作战方针、出征将领，每一次都要做好万全的准备才动身，不仅如此，他还担心自己走后刘禅无法坐稳大后方，"临表涕零"洋洋洒洒写了两大篇出师表。

诸葛亮如此珍惜每一次北伐的机会，因为他深知在三国鼎立的历史背景中，蜀国最为弱小，弱者最大的悲哀就在于没有"瞎胡闹"的机会，因为出招的机会少，所以每一把都要赢，否则稍不留神就会退出历史舞台；相反，强大的魏国虽然也不可以"瞎胡闹"，但起码出招的机会比蜀国多得多，容错率也更高。——这才是真正的弱者的悲哀，不仅要以弱胜强，而且要在极其有限的出招次数中，以弱胜强。

团队也是这样。初创公司不能像大公司一样，每个月都搞大战役，每个月都"大拉练"，团队的 CEO 都要像当年诸葛丞相那样，不仅要在平时小心翼翼地维护团队的士气，还要做好战略时机的判断，在关键时刻振臂一呼，告诉兄弟们，我们要打一场大仗。

这仗为什么不能天天打呢？因为团队的士气真的是一鼓作气，再而衰，三而竭。如果你发起一次冲锋没有冲下来，第二次、第三次冲锋的势能一定会减弱，而且当大家发现好几次都冲不下来时，就会越来越没有士气。

同样的，大公司之所以天天搞活动，月月搞大促，是因为基本盘够大，无论做什么都能或多或少有不错的销量。但对于小公司来说，用户基本盘很小，如果月月搞活动，极大概率会逐步疲软，团队也会越来越没有士气，等到"618""双 11"需要打一场大仗的时候，无论用户还是团队，都会感到有些疲惫。我们虽然每月都会有一些小活动，但是我们正儿八经火力全开，只在"618""双 11"这两个真正的电商大促节点。

第四，也是最重要的一点，不要心存幻想，**不能抱着侥**

幸心理，要以最悲观的心态，做最乐观的努力。

我每次跟别的创业者交流，我说我现在就是"以最悲观的心态，做最乐观的努力"，大家都连连拍手叫好，说这真的是创业金句啊。

这句话的意思是：我对自己一定能创业成功不抱以巨大的欲望和预期，但我每天仍然会想尽一切办法，让当下的业务变得比昨天更好一点点。

当然，这句话未必适用于所有人，如果更乐观的自我暗示能够激发你更大的能量，也可以以此来暗示自己。暗示什么不重要，重要的是创始人要保持好的能量状态，尽量减少由于不自信、恐惧、欲望、贪婪等负面情绪带来的影响，即使无法完全消除，也要对自己的情绪有所觉知，及时调整。创业无异于运动员走上了竞技比赛的舞台，除比拼硬实力外，状态才是我们最大的朋友，也是最危险的敌人。

06

利润上岸，我竟然想把公司关了？

经过几个月的调整，我的公司现状是：有两位全职和五位兼职员工，除了原料采购、生产、包装、检测、仓储、物流、员工工资、场地费用等一系列成本，不算我自己的工资，公司单月的利润在 5 万~10 万元。

怎么说呢，有一种穷不了也富不起来的感觉，但不管怎么样，经过一系列的调整，起码这个小公司开始盈利了。

可让我自己都始料未及的是，就在公司利润逐步上岸时，我脑子里竟然蹦出了一个十分强烈的想法：我想要暂停创业了。

如影随形的焦虑

2023 年 10 月刚好是我创业一周年，在过去一年的时间里，我确实收获了许多在职场中完全感受不到的经验、体会，也有了许多认知和心态上的成长。创业除了管理团队、做业务之外，它更像一双无形的手，影响着甚至操纵着我的生活。我时常感到精力不足，感到工作与生活完全无法分开，我好像丢掉了生活以及对于生活的感受。

比如，我很喜欢文学、历史，以前无论多忙，睡觉前或周末总能抽出一些时间看我喜欢的书。但在过去这一年里，我无数次地拿起书架上那些曾经非常喜欢的书，当我翻开历史、翻开诗词书籍时，不止一次地发现自己完全无法沉浸于当下，甚至完全无法进行正常的阅读。

我手中拿着这些与业务毫不相关的书，脑子里满是公司的业务，更准确地说，并不是我一边看诗词一边自发性地想要思考业务的方向，而是由于我对业务的焦虑感，使我一直处于某种非常焦躁的状态，以至于无法沉下心来感受当下。这种焦躁毫无意义，既不能帮助我想出更好的增长策略，也阻碍着我享受某一个很具体的生活片段。

我记得有一次很搞笑，一个朋友得知我的状态不好，就拉着我去野外露营，想让我缓解一下焦躁的心情。结果到了露营的地方，忙活了一个多小时，终于把帐篷桌椅都弄好了。我一屁股坐在露营的椅子上，望着眼前的一片旷野和远处的一条河流，什么也做不了，于是我更焦躁了，总想着什

么时候能回去。同样是露营，我与那位朋友展现出了完全不同的心境和状态，他是与天、与地、与自然融为一体，我是集焦虑、无聊、心烦、狂躁于一身。

除无法感受生活外，我似乎也丢掉了某些工作的热情，我像一根橡皮筋似的绷得太紧了，反而丧失掉了许多原本在工作中张弛有度的弹性。

很多时候，即使工作量不大，我也会陷入某种奇怪的"心力交瘁"状态。我感觉自己好像是一辆加满油的卡车，雄心勃勃想要穿越某片沙漠，到达某个绿洲，但行至半路，我深切地感受到自己已经没有多少油了，难以让我的发动机再次高速运转了。

其实从创业伊始，我就已经无法把工作与生活分离，逐步失去了对生活的感受，但当时起码还有对于工作的热情与创业结果的憧憬。如今工作热情逐步褪去，我逐步丧失了心底的动力与能量，真正感到既绝望又崩溃。

在某种程度上，不好的状态也影响了我对自己的信心，我仿佛从一个职场优等生变成了一个创业差生，但内心又总觉得自己不应该这样，应该能做得更好，我似乎觉得并没有满足外界对自己的期待；或者说，我从内心深处觉得，创业所取得的这些微不足道的成就似乎与我的"优等生"身份并不相符。

暂停创业的声音

近几个月，我总是不想与老朋友们见面聊天，有好几次朋友约我，我都借口有事推脱了，因为每次老友见面，大家的第一个问题永远是：你创业进展怎么样了？

我十分不想回答这个问题，或者更准确地说，我并不想直面这个问题。在我看来，当下每月几万元的利润与我的预期相去甚远，我觉得自己的创业是失败的。

现在回过头来再来审视，这些其实是我给自己加的完全没有必要的内心戏。别人其实并不关心我创业成功与否，反而是我内心深处的不自信甚至是自卑，无限放大了这些我想象中的别人对我的评判。

更进一步，虽然每月多多少少也会有一些利润，但坦率地讲，这些利润远不及我之前在职场中的收入，这也让我陷入了某种迟疑。并且，除现实收入与自我状态的透支之外，对于当下这个业务本身，我也确实想不出未来的增长点。

故而，我此刻的状态是，表面看公司的利润已经上岸了，但就像暴风雨前夕那样，虽然看起来风平浪静，我的内心在各个维度上都有了不小的波澜。对于创业者而言，无论公司还是产品，都像我从 0 孕育起来的孩子，我主观上是割舍不下的，甚至会觉得有某种逃避感和罪恶感；但从理性上，我好像确实找不到一个一定要坚持下去的理由。这种感性与理性的纠葛、撕裂，让我陷入了一种纠结、迷茫又痛苦的状态。

一开始，我心中那个想要暂停创业的声音还很微弱，但我能明显感觉到，过去的一个月里，她就像一个被束缚住的小孩，声音越来越大。她就像那个行至沙漠中已经没有油的卡车，迫切地希望乘坐救援飞机逃离这里，至于未来要不要再次穿越这片沙漠，以后再说吧，毕竟人生还很长。

直至今天，在 10 月一个有着湿润微风的、舒适轻柔的夜晚，当我又一次坐在沙发上，像过去一年无数个夜晚那样，顺手翻开一本书尝试阅读，即使在如此使人平静的夜晚，我仍然无法静下心来沉浸于当下，享受书中的字句。此时，我心里的小孩又一次冒出想要暂停创业的声音，我想这一次，我无法也不应该再忽视她了。

07

比开始更难的事：
什么时候该结束创业

意难平

虽说有了起心动念，但我内心仍然是纠结且矛盾的。

我知道我的状态已经十分不好了，但这个公司、这个产品就好像是我亲手孕育出来的孩子，从产品配方设计、功能打磨、实验检验，再到卖点雕琢、短视频发布、亲自直播，再到与老用户在社群中深度地交流沟通。这种投入度与我在公司上班完全不同，之前我只需要投入经验和智力，如今我是真的投入了情感和心血，突然让我把这一切都舍弃，我又十分舍不得。

于是我去求助一位多次创业的朋友，他比我大五六岁，大学毕业就开始创业，创业项目数不胜数，如今已小有所成。

　　我向他阐述了我想要暂停创业起心动念的过程，也告诉了他过去一年我的体验与挣扎，向他倾诉了我在感性上的难以割舍。他微笑着听我讲了半个多小时，喝了一口茶说："你现在的这种状态，就叫作'意难平'"。当他说出这"意难平"三个字时，我瞬间有种醍醐灌顶的感觉，对，就是"意难平"，太精准了。

　　他放下茶杯对我说："你的这种情况几乎是首次创业的人一定会遇到的情感困境，但像我这种创业老炮，无论要重新创业干个什么事儿，我一定想得非常清楚，是为了挣钱，还是实现某种意义，还是单纯地做我喜欢的事，收入回报都不重要。你看，我的目标通常是单维的，所以很容易取舍和判断。"

　　他说："你很年轻，这也是你的第一次创业，所以你内心不自觉赋予了'创业'非常多维的意义：你想借此来证明自己，无论是证明给别人看还是给自己看；你想借此来获得起码不低于在公司上班的收入与回报，否则你会觉得性价比不高；你觉得自己亲手创造了某些东西，产生了与某些陌生人的连接，这些又让你获得了之前从未有过的慰藉，虽然意义感不强，但也会让你难以割舍。因此，虽然你理性判断无论从收入还是个人状态上，都应该暂停创业，但由于你赋予了创业这件事非常多维的意义，当你真的决定要关掉它时，情感上就会意难平。"

我若有所思，没有说话，还在品味他刚才说的"意难平"。

他又接着说："其实最难的不是决定什么时候开始创业，而是什么时候应该结束这一段创业。对于绝大多数并不顺利的创业者来说，结束一定是比开始更加难的命题。创业的开始往往取决于某些经验、判断和荷尔蒙，但什么时候应该结束创业，哪怕是最厉害的商学院，也似乎从未聊过这个话题。我们从小到大的人生中，所有的课程都是鼓励我们开始某种关系，开始某些尝试，但我们缺少对于'停止'的思考与教育。"

他说："怎么判断你的这段创业是否应该结束呢？你问一问自己创业的初心是什么，一定要诚实，一定要对自己诚实。虽然你创业的初衷可能是多维的，但一定有一个最主要的原因促使你开始这段创业，是挣钱、自我证明、想要改变某些事、增长见闻与认知，抑或只是想要体验创业过程本身？把你最想从这段创业中获得的东西列举出来，最好是1~2项，结合现状去看未来三年，你如果接着创业，你最重要的创业目标能否实现。"

"值得注意的是，这里并没有以'业务是否成功'作为核心衡量依据，而是回到你的创业目的本身。绝大多数情况下，我们在决定创业的时候，会有相对清晰的创业目的，可能是挣钱，可能是真的喜欢，可能是某种自我实现。但随着时间的推移，你会碰到许多与自己相似的创业者，他们有的做得比你好，有的比你差。于是，你不自觉地会陷入某种社会性对比中，明明是因为爱好而出发，突然开始与别人攀比收入；明明是为了收入出发的，却不与以前打工的自己相比，而去眼馋某个你觉得还不如你的同行，他的利润又比你多了多少。由此，你就失去了真正的锚点与标的，从而出现患得患失、意难平甚至贪嗔痴，可**创业的本质其实是自己与自己的游戏。**"

他问我："回到你创业的原点，当时决定创业，如果只订一个创业目标，会是什么？"

我想了想说："我想通过自己干，挣到不低于上班的收入，获得对工作与生活更大的掌控权与自由度。"

他接着问："现在达到了吗？"

我："没有。收入更低了，并且我也没有感受到真正的自由，反而觉得不如以前快乐。"

他："如果再坚持三年，你觉得你能达到目标吗？"

我："三年太长了，我不确定。"

他："那一年呢，明年的这个时候，你觉得收入能够高于上班并且不再那么心力交瘁吗？"

我："应该不能吧。"

他停顿了一会儿，这个停顿非常巧妙，像是电影里智者的留白："我觉得你有答案了。"

真正的原因

我从朋友那儿出来后有点恍惚，不得不说，刚才的谈话一针见血又醍醐灌顶，我突然意识到自己一直的纠结与犹豫，其实源自我并没有极度诚实地面对自己的内心。于是我冷静下来，直面自己内心深处的欲望与恐惧，开始毫无保留地剖析自己。

我想要暂停创业的真实原因，有以下三个。

第一，从付出与收入上看，不如我在职场上班挣得多。

消费品的销量与大促节点密切相关，如果是"618"或"双11"，公司的利润大概在15万元，但平时每个月的利润只有5万元左右，这还只是公司的利润，并不是我个人的收入，因为公司还会有其他支出，所以公司账上需要留有现金。即使极端一点，把公司利润和我的个人收入完全画等号，一年也就是税前80万元左右，而且这80万元，并不是说我在过去创业的第一年挣了80万元，而是说，如果我再

经营一年，预计明年我自己的收入是 80 万元。

就今年而言，由于我在创业的前半年花钱大手大脚，以及做了很多错误决策，前半年是亏损的，后半年利润才有所回升，如果只看过去这一年，我其实是略有亏损的。也就是说，过去的一年，我在一分钱工资没有拿的情况下，还倒贴了不少。而且，未来一年预计能挣 80 万元，也是我基于现状推演出来的数字，但凡发生任何没有预料到的意外情况，或者整个"618""双 11"的销售行情急速下降，可能明年的净利润还不到 80 万元。坦率地讲，作为一个高级打工人，我在职场薪水并不低，如果仔细算下来，作为一个创业公司的小老板，其实是没有我作为高级打工人挣得多的。

这是收入的部分，再来看付出与投入。

这里的投入不仅是时间的投入，更重要的是精力的投入。以前在公司上班时，无论我在公司负责多大的业务，承担着多大的业绩指标，几乎不会出现工作与生活完全剥离不开的情况。

比如，我确实可能每个工作日都加班到很晚，甚至周末都会抽一天时间加班，但我"不加班"的时候，是真的完完全全让脑子从工作中脱离的，我可以愉快地去爬山、徒步、阅读、逛街、与朋友聚会。

自创业以来，虽然时间是自由的，但我的精神是时刻焦虑的，我无法完全把工作与生活分开，也完全没有了逛街享受美食、去某地旅游看看风景等放松的心境。我没有办法沉下心来阅读任何一本与工作无关的书，我甚至会希望每一次与朋友的见面、交谈都能产生某种价值，而不仅仅是闲聊。我没办法刻意告诉自己"不要焦虑、放轻松"，脑子很理性但身体真的做不到。我会夸张地觉得，我业务干得这么糟糕，都不配有"娱乐时间"。

综合二者来看，让我心生动摇的不是收入不及预期，而是投入与回报的巨大不对等，也就是收入的"投入产出比"远低于我创业前"想象中的预期"。我付出了数倍于以前的精力，可经济回报却低于过去，这种巨大的投入产出比的落差，才是让我起心动念想暂停创业的关键。

第二，这一年我真的心力交瘁，我急切地想要换一个环境，使自己从这种状态中解脱出来。

虽然与前半年相比、与我去医院检查抑郁症时相比，后半年我的状态已经好了很多，但正如我之前所说，创业是一个不断把自己往外掏的过程，非常消耗心力。

在这一年的时间里，我时常会觉得自己的心气儿和精气神都大不如前，我一度不知道自己到底是怎么了，直到有一位朋友跟我说，**创业最难的是尝试在黑暗中给自己画一个坐标，你不知道该从何下手，不知道自己的选择是否正确，甚**

至你会盯着黑暗中的某一个想要画上坐标的点，但却迟迟不敢下手真的把它画上去。

而创业对于创始人心力最大的考验，是如何找到"自我认同感"，如何从外界获得正向反馈的回应。

当我们在公司上班时，无论职位高低，你一定在做着某些具体的事情，有着某些具体的 KPI 要达成，你达成这些目标的时候，也会有非常具体的成就感和满足感。有些时候，也许你只是在某个项目会上提出了一个方案，获得了某些正向反馈。这些正反馈是不易被觉察的、碎片化的、多维的，它们帮助我们形成了某种长期的自我认同，让我们成长为一个有底气的人。

创业时你自己就是老板，没有人会天天夸你做得好，唯一的正向反馈就是业绩本身。而当我们拿着自己的小成就与外界对比时，除非你真的成了佼佼者，否则无论你做成什么样，都会对自己的成就不满意，总觉得可以更好。这种不满意无处发泄，甚至没有人帮你判断这种"自我不满意"是否合理，久而久之，没有正向反馈的回流，就会逐步陷入自己被掏空、心力交瘁的状态。

第三，对于当下的业务，我确实看不到明确的增长空间。

正如前文所说，我对这个业务的预判是，明年卯足了劲儿干，80万元就是我能看到的净利润的天花板了，还得是跳起来才能够得着的那种。为什么我觉得增长空间有限呢？因为电商平台日趋成熟，自然流量玩家基本上没有太大的增长空间了。

那什么叫"自然流量"？

在电商平台我们把流量分为两种：付费流量、自然流量。付费流量就是要花钱投广告，相当于从平台手里买流量；自然流量就是通过产品的好评、优质的内容，让用户在非广告场景下刷到你，从而产生下单和实现转化。

自然流量的红利期一般是在电商平台发展的早期，因为它需要用好的内容吸引消费者来这个平台消费。所以，如果你在早期进入淘宝、天猫、京东、抖音等一系列电商平台，不仅付费流量便宜，同时也有很大的自然流量。但随着这些平台日趋成熟，他们也有商业化变现的诉求，所以他们希望有更多的商家来付费采买流量，从而会把更多的用户向付费流量倾斜。

这里会有另外一个问题，以某音为例，在某音有宠物食品消费行为的用户池子就那么大，每个用户的钱包预算就这么多，这些用户被更多的付费广告触达转化后，再去其他店铺下单的概率就会低很多。所以付费流量和自然流量表面看来是两个逻辑，但其实是共享同一个用户池，在本身用户量

并不增长的平台，二者在底层是互斥的关系。

我们没有广告预算，只能靠内容获取自然流量，但我能非常明显地感觉到，在过去一年的时间里，在我们内容质量不变、商品好评率不变的前提下，自然流量的增速越来越缓慢，甚至要花费比以前更多的努力才能得到同样的商品曝光份额。所以我预判，在明年我们依旧没有广告预算投入的情况下，增速大概率比今年低，整个团队卯足了劲儿，50 万元~80 万元可能真的就是净利润的天花板了。

直面最真实的自己

回到创业原点的自我目标，我的内心深处觉得收入的性价比更重要。我明明已经意识到这个问题，并由此起心动念想要暂停创业，但我潜意识里又不断地想给这份创业经历找一些更宏观的意义和价值，仿佛想通过这些我想象中的意义和价值的实现，来降低我对收入不及预期的失望。

再坦诚一些，这些意义是真实的、对我极度重要的吗？虽然一定程度上是，但我一定在潜意识里放大了它们，我通过对这些意义感的放大，来逃避内心深处欲望的失衡。

诚实，一定要对自己极度诚实，直面自己内心深处的欲望、贪婪与恐惧。

说来很可笑，还有一个让我略微难以启齿，说出来又显得很肤浅的原因：我启动创业时非常高调，又发朋友圈又通知亲朋好友，恨不得人尽皆知。如今才一年的时间，如果我突然告诉大家我停止创业，更准确地说是我创业失败了，总觉得会很丢人，大家会因此小瞧我。

这其实是完全没有必要的，正确的做法是：时刻反问自己，我到底最在意的是什么，不仅不要被外界的评判影响，也不要被"想象中的自己"影响。诚实，再次强调，一定要对自己极度诚实。

至此，我终于下定决心结束这段创业。但与之前好几次创业中的"艰难抉择"类似，由于我的性格有一些优柔寡断，虽然道理都明白，在极度诚实地面对内心后决定要暂停创业，可我仍然花了整整一个月的时间不断地犹豫、琢磨，真正作出"暂停创业"这个决定所花费的时间，远比我决定开始创业时要多得多。

但无论停止创业是不是暂时的，无论未来会怎样，确实要画上一个句号了。

08

曲终人散：结束创业的那一天

拟订方案

在我下定决心后，随之而来的问题就是：我要如何停止它呢？毕竟库房里还有货，老用户也还有稳定的复购，并且每个月还有几万元的利润，这利润扔了也挺可惜的，有一种不要白不要的感觉。

思来想去，我最后决定：网店继续运营，但不再投入精力。也就是说，消费者仍然可以在我们的店铺复购，但我们不再上新品，不再做主动推广，不再开拓其他的售卖渠道，也不再投入过多精力维护老用户的社群与活动了。简而言之，就是产品接着卖，我只需要关注商品是否有库存，定期向工厂采购货品，其他的一律不做了。

不过这并不意味着我一直能每个月躺赚几万。当产品停止了拉新，而老用户每个月有自然的流失，当拉新速度小于流失速度时，用户的总量是不断减少的，利润也一定会逐月减少。也就是说，我是在等着它自然衰减，衰减到一定程度就自然关停了。

抱着这样的想法，我最多只需要偶尔拍拍视频，没有其他的工作量，也不再需要任何员工了，连网店的客服工作也外包给了第三方公司。

紧接着我让仓库的小伙伴帮我盘了一轮库存。说来有些尴尬，工厂的同事看到我火急火燎地盘库存，还来问我是不是准备搞什么活动，以及近期有没有出新品的计划，我一时竟有些不知所措，不知该如何回答。不过我暂时没有告诉工厂我暂停创业的想法，想着还是等公司完全解散之后再做解释吧，毕竟现在八字才刚有一撇。

在盘完库存之后，应该通知员工们团队要解散了，可到了这临门一脚，我莫名地还是有些难以开口，于是又拖延了近一周。在这近一周的时间里，我约了几个关系比较好的同行吃饭。我在饭桌上聊起决定停止创业的想法，并且很坚定地告诉他们，我已经决定了。

我本以为大家都会劝劝我，没想到他们格外支持我暂停创业的想法。一方面，同为创业者，他们深知创业本身对于脑力、心力、体力的消耗远非任何的职场岗位可以比拟；另一方面，他们似乎非常期待我接下来要干点什么，无论是找到一个好的工作机会重回职场，还是重新找个创业方向。好像是在表达，如果有一天他们也决定不干了，能否有另一种更好的生活、职业、人生的状态。在这方面我确实比他们"领先半步"，他们反而对我未来的走向流露出了远甚于我对自己的期待与憧憬。

解散团队

终于，我又要第二次裁员了。

虽然已经做了长久的心理建设，但真的决定付诸行动时，我还是会感到惆怅与沮丧。11 月底，在我见了那位朋友的一个月后，也是在我创业一年零一个月时，我终于决定辞退所有员工，只保留网店做纯自然复购的售卖。

与员工告别的那一天也是 11 月底，北京已经有点冷了。自从在这个大三居室开始办公后，我节省了大量通勤时间，睡眠质量也提升了不少。

前一天晚上我强迫自己一定要早睡，第二天一大早起来冲了一杯热美式，在早睡与咖啡的双重加持下，倒也还算精神。我一边喝着咖啡，一边来回踱步，想着一会儿要怎么跟员工聊。这一次既然是大解散，我想着就不一对一聊了，直接开个全员会。

一个多小时后，大家陆陆续续都到了，由于我提前通知了今天要开全员会，所以大家能来现场的都来了，实在来不了的也会线上接入会议。我讲了大概半小时，这半小时既短暂又漫长。

刚开始发言时，我怀着忐忑的心情向大家公布我们要暂停经营了，说这些话时还很紧张，双手捧着咖啡杯不自觉地来回摩挲，虽然是站着讲的，但身体仍然是不自觉地向内蜷缩的状态。

跟上次裁员一对一聊天一样，我知道我必须在一开始就把会议的主旨告诉大家，我也能感受到，当我说出这个消息时，他们的表情有震惊也有沮丧。可能是最难讲的话已经说出口了，我反而轻松了起来。

我拉开一张椅子坐了下来，把咖啡杯放在桌上，随手拿起一个抱枕放在胸前，开始跟大家聊我想暂停创业的原因，聊了聊我对增长并不乐观的预期，也聊了聊我这一年心力交瘁的体验，同时对在场的所有人表达了歉意。看起来，在当下这个阶段，我并不是一个好的 CEO。

我们并没有煽情的表达，也没有过多表达不舍，更像是一次平静的分手。我想，他们在日常工作中，恐怕也不是十分充满希望吧。有位同事说，他从来没有觉得我们一定能行，但他以为我们会共度一段难熬的时光，没想到我的这个决定来得如此迅速。不过他同时也说，虽然他无法感同身受地体验到我此刻所承受的压力与痛苦，但也十分理解我的这个决定。

那天大家都没有工作，三三两两地下楼溜达，彼此交谈了很久，几个同事把他们的工作资料整理成文档发给我，说万一用得着可以从这里面找。我在收到文件的那一刻甚至没有点开查看它，当时偏执地认为，这些资料以后肯定用不上了。

当天我和所有同事一起吃了顿饭。经过一天时间的自我消化，饭桌上大家的状态好像好了很多，我们还聊起如果需要帮忙引荐新工作可以找我，我的一些人脉应该能帮到大家。

吃过饭，大家打车的打车、坐地铁的坐地铁，陆陆续续都散了。我从饭店走回家是 1 公里多的路程，心情特别复杂。这复杂的心情里有如释重负的感觉，有莫大的遗憾，也有对员工们的愧疚，同时夹杂着些许对自己的不认可，以及终究无法马上消除的"意难平"！

在之后的一周里，我把家里的办公桌、电脑椅等办公用品都在二手平台上卖掉了。绝大多数东西都搬空之后，我才突然发现，这个地儿原来这么大。

我躺在沙发上，看着冷清又空旷的空间，透过并不明亮的窗户，望着北京灰蒙蒙的天空，心情仍然复杂且低落，但不管怎样，终究是要开启另一个新篇章了。

第三部分

走向成长，
走向自由与深情

01

十字路口：
解散公司后我何去何从？

报复性放松

公司解散后我并没有马上决定下一步要去干什么，而是休整了半个月的时间。没有了创业带给我的压力和焦虑，我想通过半个月的时间让自己的情绪和心态恢复到以前的状态。

在这半个月里，我努力让自己的生活都回归到某种规律的状态，比如开始有意识地恢复健身、恢复网球的练习，每天抽出一些时间看过去想看但看不进去的书，约很久没有见面的老朋友出来聊聊天，甚至还去了北京周边的城市短途旅游。

人好像有很奇怪的补偿心理，我仿佛想要在短短两周的时间里，把过去一年多因创业丢失掉的"生活气息"一股脑儿地都补偿回来。同时，我潜意识里又非常清晰地知道，这种补偿就像童年时期心心念念但没有吃到的零食，工作后即使疯狂购买，也很难品尝出当初的滋味。而对于童年那种殷切期待的落空，更是难以通过任何形式弥补与偿还。

类似于某种报复性的消费，我知道自己处于某种报复性的放松之中，虽然有一定程度刻意的成分，但在这没有工作的半个月里，在只有游山玩水、看书、运动的半个月里，我在精神层面确实一定程度上得到了些许放松。

我时常穿梭于北京犄角旮旯儿的各种书店，一坐就是一下午。与过去一年相比，我更能静下心来阅读与享受书中的内容了。可人是很奇怪的动物，可以休息但又不能一直休息，纵然我如此喜欢阅读，我也知道自己无法长久地处于当下这种闲适或闲散的状态中。这半个月更像是我给过去的自己放的一个颇具补偿意义的小长假，在这个小长假之后，我需要尽快找到一条生活的主线。

四种选择

接下来要做什么，我脑子里冒出了 4 个选项：

第一，换一个方向再次创业。

第二，Gap 半年休息一下，我还有一些存款，可以支持我半年不工作，可以到处旅游放松半年。

第三，做一个自媒体博主，某种程度上属于轻创业的个体户。

第四，重回职场，找一个还不错的公司继续上班。

我首先把第一个选项再次创业排除了。创业就是要一鼓作气，再而衰，三而竭，在我刚刚经历了一次业务上的失败和巨大的身心挑战后，不适合马上开启第二段征程，我的身体和精神都没有做好准备。也许在未来的某一天我还会重返创业这个赛道，但在当下这个时间点，我暂时没这个心力了。

接下来是第二个方向，Gap 半年休息一下。

GapYear 的意思是"间隔年"，Gap 是由此延伸出的"休息一段时间"的意思，是最近几年一个很火的词。我们总能在许多自媒体文章中看到所谓的"勇敢的人先享受世界""人生是旷野""生活在别处"等号召。这些号召总能激起我们对于"Gap 半年"这种完完全全自由状态的憧憬。坦率地讲，倘若没有过去这一年多时间自由但精神不自由的创业经历，我也会被这样的憧憬所吸引。

但此刻我深切地知道，生活不是一个抽象的概念，它不是由一大段所谓的"自由的时光"组成，而是由具体的、每

天的细小事情组成，是由我们每时每刻的所思所想所虑组成的。

我身边有许多 Gap 半年或一年的朋友，他们在 Gap 前都有非常明确的目标，比如，要花半年的时间去支教、做一些公益活动；会有非常明确的地方，想要尝试在这几个地方住住看；想花半年时间全身心地备考国内外的研究生，如此等等。

我知道，除非我有明确的 Gap 半年的目标，否则大量时间的留白加上看似自由悠闲实则无所事事的状态，反而会令我陷入另一种在茫茫大海中画坐标轴似的迷惘状态。因此，我把这个方向也排除了。

看来，要在做自媒体博主和重回职场之中做出选择了。

这个年代的自媒体博主，某种程度上也属于轻度创业的个体户，这与我之前一年创业的区别恐怕只在于：我不需要操心产品、配方、生产、物流，不需要雇用员工，而只需要付出自己的时间换取报酬，这种方式也是当下很多年轻人的选择。在如今这个自媒体越来越红火的时代，每个人都可以有自己发声的一席之地，同时也能借助在某些平台的影响力声量，获得还不错的广告收入。

在我看来，自媒体博主是介于创业和 Gap 之间的某种融合体，没有太大的压力和负担，最多就是瞎折腾半年不挣钱，但起码不至于像我之前一样有金钱损失。同时，自媒体博主时间也很自由，一定程度上能够实现 Gap 半年到处走走停停旅居的状态。

而重回职场似乎是另一种更为极致的选择，完全放弃了时间与空间上的自由，必须在工作日付出至少 8 小时的时间，做着一些可能喜欢可能不喜欢的工作，从而换取一份相对稳定的报酬。

我几乎没有太多的犹豫，心中的天平向重回职场倾斜。原因有以下几点：

第一，从收入上来看，虽然我的创业并不顺利，但重回职场后仍然算得上是一个高级打工人，能获得一份还不错的收入回报，而自媒体博主大概率没有如此稳定且不错的收入预期。

第二，从时间的自由度来看，经历了过去一年自由的创业生活，"绝对时间自由"这件事对我暂时没有太大的吸引力，我潜意识里更想回归相对规律的生活状态。

第三，回归到根源，好的状态来自哪里？我想应该是来自能量输出与输入的某种平衡。我创业期间之所以觉得状态差，是因为我绝大多数的时间是在输出脑力、体力、心力，却没有得到太多的正向输入，比如，业务的销售额、市场的正反馈、我自发的成就感，等等。重归职场后，能量的输入和输出也许能更平衡一些，可能仍然会输出脑力、心力、体力，可能会遇到不合拍的上级或者同事，但与此同时，职场中的能量输入更加多维，不再仅仅是业务本身的成败，还包含了我的个人成长、项目成就感、同事与上级的认可等，这些共同组成了在职场中非常微妙的能量输出与输入的平衡。

第四，也是最重要的一点，从我未来想做的事情倒推，自媒体博主即使有一定的收入，最多也只能算是我的一个副业，但这并不是我未来真正想要达到的状态。我真正享受的是创造产品和体验的过程，我想，在未来的某一天我仍然会重新走上创业之路，我隐隐觉得自己内心有一些东西需要借由真正的创造将它诉诸世界。

按照这个逻辑，重回职场，重新回到在行业中战斗的状态，不断拓展自己的能力、认知、人脉关系，对于我未来想做的事情至关重要。如果真想做自媒体的话，利用业余时间也未尝不可。

当然，这个选择逻辑并不适用于所有人，只是我的个人案例。我们当下的每一个选择，其实都包含着我们对过去经历的反思与对未来的不同期许。我们虽然时时刻刻都活在当下，可这个当下又时时刻刻被过去和未来扰动着。

至此，在休息半个月后，我决定认真看看外部的机会，找寻合适的公司与岗位重回职场。

02

面试挑战：创业是履历加分项吗？

决定要重回职场后，我联系了身边一些朋友和猎头，表达了重回职场的想法，让大家帮忙推荐合适的岗位。

说来奇怪，当我向朋友们表达这个想法时，他们通常会有两种反应：很多大厂的朋友出于对我的信任，在创业之初就对我报以较高的预期，他们通常会觉得惋惜并试图安慰我；还有一些朋友之前有过创业经验，现在已经回到大厂上班了，他们竟然都是向我表达恭喜，欢迎我重回快乐的上班生活。

我陆续得到了一些面试机会。面试之前，我一直觉得创业一定是履历加分项，这代表着这个人有野心、有冲劲、有想法。我曾经作为面试官，对于那些有过创业经历，哪怕只是校园创业经历的年轻人都会青睐有加。但这一次的结果有些出乎意料。

创业是履历加分项吗？我尝试还原两场印象深刻的面试过程。

职业经理人型面试官

在一个阳光明媚的早晨，我去了一家知名的大型互联网公司。

面试我的是某个大型业务的负责人，也是我未来的直属上级。虽然我把创业经历写在简历最靠前的位置，但他似乎对我的创业经历并不感兴趣，反而问了许多我在其他公司负责增长业务、带团队的经历。我们聊了一个多小时，聊得十分顺畅。临近面试尾声时，他的注意力才转移到我的创业经历上。

面试官："你这个创业项目年营收多少？"

我："去年是我们创业的第一年，在各个平台的销售额大概在 300 万元。"

面试官："这么少，一个月也才 25 万元。"

我："是的，但我们没做任何付费投放，增长会慢一些，但净利率还可以。在创业的上半年，我自己犯了一些选品和方向的错误，以至于上半年是完全亏损的，大部分的利润都来自下半年不断地迭代。"

面试官："但你这整体也太少了。呃，你觉得创业与在公司上班相比，最大的不同是什么？"

我："在能力与经验调用方面，其实上班与创业并无不同，最大的不同在于人的情绪与状态。也就是说，我在冷静、放松状态下做出的决策质量，与我在焦虑、压力、自我怀疑状态下做出的决策质量是完全不一样的。"

他没有说话，露出了某种不太理解、不太认同但又不知道该如何体面地接我话茬儿的复杂表情，我觉得他并不能理解我在说什么。之后，他没有就这段经历接着问下去，我的面试到这里就告一段落了。虽然最后我拿到了这家公司的 offer，但这个面试细节至今仍让我印象深刻。

在此稍微说明一下，由于我面试的岗位职级并不低，无论是这次还是之后数次接触的面试官，大部分都是企业的高管，而这位面试官的反应代表着一大类高管：他们的职业经历就是一路在大厂里面升级打怪，没有任何创业体验，甚至没有在小型创业公司工作过，他们对创业这件事情没有任何切身的体会，或者说他们脑海中的创业，应该如马云、马化腾那样在商战中叱咤风云。而这年营收 300 万元是个什么破玩意儿？

这类面试官通常的体感是，自己在一个大公司负责一个庞大且重要的业务，每天开会动辄几十万、几百万甚至上千万元的项目决策。虽然他并没有亲眼见过这么多钱，但他确实有支配如此大预算的权力，所以每月营收只有几十万，在他看来几乎不值一提。

由于不值一提，他自然也不会有太多的兴趣了解我当时是怎么做的，是怎么思考的，有哪些核心点，哪些关键决策做对了或做错了，这些在我看来值得深度思考与复盘的问题，他会觉得不屑一顾。

他们不能理解情绪、压力、焦虑对决策的影响，也不太能理解花自己的钱和花公司的钱决策的难度和成本是完全不一样的。毕竟往前倒退一年，当我在公司做着几千万元的预算时，也很难有类似的感同身受。

所以在这类面试官的眼里，创业可能未必是一个加分项，当他无法体会创业与打工的区别时，自然也很难认同我在创业过程中所获得的成长。

创业者型面试官

在另一个阳光明媚的上午，我去了另一家大型公司面试。

我的面试官也是某个大型事业部的负责人，但与之前那位面试官的背景不同，这位面试官曾经是一名创业者，后来自己的公司做得不错，被现在这家公司收购了，他也因此入职这家公司成了高管，负责一大块业务。

与之前那位面试官不同，他对我的创业经历颇感兴趣，我们同样聊了一个多小时，80%的时间都在聊我创业一年多的经历。我们聊了很多关于赛道的选择、选品的策略、从 0 到 1 的经验教训、创业团队的招募与管理，等等。面试的最后，他问了我两个更为宏观和底层的问题。

面试官："你在创业过程中犯过哪些错误？"

我："抛开选品、招人等战术层面的错误外，我在战略层面最核心犯了两个错误。

第一，过于自大。我竟然选择了一个之前完全没有涉足过的行业。我的经验都在互联网和教育领域，但我创业竟然直接选择了消费品，我当时觉得这件事儿好像并不难，但实际上该交的学费都要交，该踩的坑一定会踩，我的这个起点就注定了创业失败率很高。

第二，我创业之初自信地觉得，我能在短时间内让现金流运转起来，所以在创业初期竟然没有想过要去融资，而当我真的开始出现亏损时，因为用的都是自己真金白银的存款，也让我比选择融资的创业者更加焦虑，更加畏首畏尾。"

面试官："你如何评价自己这一次的创业经历？"

我："虽然我准备重回职场，但我对创业的这一年并不后悔。虽然当下并没有取得令人瞩目的成就，甚至看起来还有些狼狈，但创业的经历让我深刻地知道了自己能力、情绪的边界，对自我的认知更深了一层。此刻我坐在这里，有一种非常平静的自信，这种自信源于我对自己的深度自知，而这种自知是我在过去职场工作中无法清晰感受到的。"

很奇妙的是，以这位面试官为代表，只要面试官有过创业经历，当我在讲述花自己的钱做决策那种忐忑的心情时，讲述创业公司真的很难招到优秀员工，所以老板什么都得操心时，讲述当现金流负向，每天晚上都睡不着觉但还要用意志支撑着自己想到解决办法时，对方都会投来某种感同身受并且惺惺相惜的目光。

透过他的目光我能感受到，他真的能理解我在说什么，也真的能理解哪怕独立做一个很小的生意，某种程度上也比在大公司挥斥方遒要难许多。

由于我此次的职业选择比较谨慎，所以经过了多次面试，与不少面试官有过碰撞与交流，这两位面试官只是两个非常典型的案例。回到开头的问题，创业是履历加分项吗？我想，这完全取决于面试官本人是如何理解创业的。

可能创业的人生体验相对独特，以至于经历过和没经历过创业的人，会呈现两种截然不同的人才观，甚至是价值观。虽然对于个体来说，创业的成长和积累一定是好的、正向的、让心智更成熟的，但如果真的把创业经历完全放到社会视角下，或者更准确地说，放到求职面试这个场景下，创业经历还真的未必是加分项，几乎完全取决于面试官如何理解创业的难度，以及创业所需的勇气与毅力。

创业真正的职场代价

除此之外，几乎所有的面试官都会因为创业经历而担心我的稳定度。无论是不是刻板印象，大家会觉得有过创业经历的人性子比较野、耐不住寂寞，未必会在这个公司长久地干下去，很自然地担心我会不会工作半年或一年后又跑去创业了。

我在此前从未遇到过的一个神奇经历是：我在现在这家公司通过所有面试，offer 与薪酬都聊定之后，我未来的直属上级约我去公司又聊了一次，再一次表达了他对我工作"稳定性"的担忧。他说，这个岗位确实非常重要且核心，不希望我真的出现工作半年或一年之后又跑去创业的情况，所以在我接 offer 前他又找我面聊了一个多小时。

在这一个多小时里，我表达了对创业的看法，说明了我为什么决定重回职场，也表达了我能稳定工作的态度。但与此同时我也相信，无论我说什么都无法 100% 打消他的疑虑，毕竟我又不能签一个卖身契。虽然我很感谢他如此坦诚地与我沟通，不过坦率来讲，此次沟通其实更像是他对自己的某种心理疏导。

如果你也有过创业经历，如果你也遇到被质疑稳定性的情况，遇到这个问题有话术上的标准解法吗？

很遗憾，没有。因为无论你说什么，都消除不了面试官的疑虑，虽然这种疑虑可能是某种刻板印象。有且只有一个解决办法，就是用你展现出来的思考与实力，让面试官在心里觉得，即使退一万步讲，哪怕你只干一年，也是值得被聘用的。

不过，我想对于稳定性的担忧并不十分重要，这些都相对表面且只会影响我当次面试通过与否，而不会对我造成更长期的影响。从长远来看，如果创业真的有更严重的"职业生涯"的代价，那这个代价究竟是什么？——我想，真正的代价恐怕是某种职业的连续性。

我们不妨观察一下身边绝大部分大厂高管，绝大部分人一定是有连续性的、大厂的高管经验，比如，从网易到阿里再到腾讯，或是从亚马逊到 Facebook 再到谷歌。

无论我们再怎么肯定创业对于个体成长的意义，不可否认的是，现在市面上的高管圈层里，90%以上都有极强的"大厂背景连续性"，很少有人在创业公司来回横跳，最后又去某个大厂当高管的，而且这种情况绝大部分都发生在创业做得还不错时被某个大厂并购，那这个创业公司的核心管理层就能借由被收购的机会进入大厂体系里成为高管。

然而，绝大多数创业没那么成功的人，无论你再怎么强调自己的个体成熟度、独当一面的能力，在社会视角下，或在那些大厂背景的面试官眼里，这些履历并不加分。

你所谓的独当一面、与焦虑压力共处的能力，他们无法感同身受，以至于在能力差不多的情况下，他们会优先招聘有过大厂经验的人，这似乎也是面试官对自己职业路径某种形式的自我认同。

这听起来让人沮丧，仿佛给此刻想要创业或正在创业的人泼了一盆冷水。但正如我之前多次提及的，任何事情都有两面性，我只是想客观地告诉大家，就创业这件事而言，个体视角与社会视角都有非常鲜明的两面性。

如果此刻看到这本书的你，有想要创业或是自己做点什么的想法，我对此并不报以任何支持或劝阻的态度，我只想客观地描述我所体验到的多面性。如果你问我，倘若我在创业前就知道如今并不成功的结局，以及对职业长期连续性的

影响，我是否还会做同样的决定？我想，我仍然会的。

事实上，在敲下这些文字的此刻，我已经在新公司工作了小半年，在这小半年的时间里，虽然职场上的一切还是那么熟悉，虽然以前那些让我觉得内耗的"职场破事儿"仍然存在，但我竟然一点儿也不为此烦忧，我感受到了巨大的平静与自洽，这是我在过去的职业生涯中从未有过的神奇体验，这也是创业影响的另一面。

03

重回职场：
带着平静与自信快乐上班

　　重回职场已经小半年了，我现在在一个上市公司的核心业务部负责增长。而在重回职场的这段时间里，我的生活、工作和心态等各方面发生了许多变化。

重回职场的状态变化

　　首先是情绪，我在入职大概一周之后就发现了与之前完全不同的状态变化——工作和生活终于能分开了。虽然也有加班的情况，但上下班有一个非常明显的界线，工作日和周末也有一个非常明显的界线。

　　非工作时间真的完完全全属于我自己，我可以非常自在地去健身、逛街，也重新拾起了对文学、历史类书籍的愉快

阅读。

闲暇时我仍然会拍拍短视频，甚至一时技痒，还会直播跟大家唠唠嗑。但与之前创业期间焦虑的状态完全不同，即使拍视频、直播，因为我对结果并不抱以太大的预期，是完全基于爱好去做，因此反而能够更平静、更松弛。值得一提的是，当我整个人的状态变好之后，拍短视频的灵感都莫名多了很多。

有一天下班后，我躺在沙发上看王国维的《人间词话》，一种久违的舒适且宁静的心流涌上心头，回想过去一年，我无数次瘫坐在这个沙发上，无数次从沙发旁的书架上拿起这本书，每次都是翻了两页又焦躁地放下，我甚至会坐立不安，大半夜在客厅里来回踱步。

书架的一角还放着我去安定医院检查抑郁症时医生给我开的单子和各项检查结果。

我记得那天一回到家，我就瘫在了沙发上，顺手把这沓资料塞到书架的一角，如今再拿起它们，虽然只过去了半年，却恍若隔世。

虽然当时很幸运没有查出抑郁症，但在那段日子里我确实无比痛苦，现在回过头来看，倘若不是有这些感受的对比，我也无法感受到此刻专注的宁静有多么难得、多么幸福，这些久违的感受多么令我倍感珍惜。

哦对了，我的网球教练说，自打我重回职场后，明显感觉到我打球时身体轻盈了不少。真的是令我不自知的神奇变化。

当然，除情绪变化外，工作本身与创业时相比也很不一样，这种不一样并非来自工作内容，而是来自从老板到员工角色的变化。

入职一周后，我的上级跟我商讨制定一个季度 KPI（关键绩效指标），那一刻我十分恍惚，已经一年多没有听到这个词了。

创业初期的我没有了公司与上级条条框框的限制，也没有人圈定具体的目标，未来完全由我掌控，我觉得没有束缚很自由。但是一段时间后我才发现，与以前时间紧、任务重的具体的业务指标相比，在茫茫大海中寻找方向与着陆点才是最难、压力最大的事。当我再次听到 KPI 这个词时，虽然恍惚，但莫名松了一口气，我深知，当目标变成一个有方向的、具体的数字时，反而容易得多。

跟上级聊完，从会议室走出来的那一刻，我全身上下洋溢着一种莫名的自信，虽然这个目标不低，但我一点儿也不紧张，反而感到松弛与兴奋，我还反思了一分钟是不是自己太过狂妄了，不过我想，对于职场中的很多事，我确实是更自信了。

重新审视与公司的关系

不过也不是事事都轻松愉悦，也有需要我重新开始适应的事情，比如，我需要接受绩效考核。怎么说呢，我并不是排斥绩效考核这件事情，而是它让我意识到，我又重新回到了在职场中被人审视、被人评判的状态。

给下属考核绩效本来就是主、客观夹杂的，客观的是业务结果数据，主观的是上级对你的评判。比如，在入职后的第一个季度，我自认为做得很好，各项业绩也达标，但我的直属上级给我的绩效考核结果并不令我信服，并且，他在与我绩效面谈的过程中掺杂了很多主观的评判，并非就事论事地在与我谈论结果达成本身。因此，我在收到绩效考核结果的那一刻非常不开心。

不过，在不开心小半天后，我的心情迅速恢复了平静。我意识到，就像创业经历在不同面试官眼里会呈现不同的评判，绩效也是如此。别人如何看待你的业绩结果以及达成这个目标的过程，都是我无法左右的，我纠结于此只会陷入毫无意义的内耗之中。

还有一个神奇的小变化：我在职场中的"竞争心"好像

没那么强了。

以前在工作中拿到一个不好的绩效结果时，我会下意识地关注团队里哪些人拿到了高绩效，他们凭什么能拿到，我会不自觉地陷入某种竞争思维甚至对比之中。但现在我竟然完全不关心这件事，不是假装不关注，是真的发自内心地不在意。

回想起来，我以前与公司的关系，更像是我要融入这个公司，并且要成为同事中的佼佼者，所以我不仅关注自己，也会关注别人并与之竞争。也就是说，我把自己置于公司这个规则体系里，成为它的一员，并尝试在它制定的游戏规则中拔得头筹。而现在，我之所以更加平静，更根本的原因是，在我心里，我与公司的关系不再是我想要融入它，我与它是平等合作的关系，我贡献价值，它支付报酬。所谓的涨薪或职位升迁，并不来自我在某种竞争中获胜，而来自我确实能提供更大的价值。涨薪或升迁的本质是价值贡献与回报的对等置换。

当我把自己放在与公司更加平等的关系中，就能很自然地减少许多基于人际关系、内部竞争的内耗，也会更加从容与自信，也能在与上级的沟通中显得不卑不亢。

抱着这样的心态上班，就不会过分关注短期内一城一池的得失，而会更关注自己的成长、状态，以及能否持续输出

价值。我想，找到一个与公司更平等的视角，不断夯实对自我价值的认可与笃信，才是所有打工人在职场中不过度内耗的根本心法。

实际上，除了不以同事为竞争对手，站在公司增长负责人的角度，我也没有把同行公司当作对手，我真的发自内心地认为，无论个人还是企业，真正的对手永远只有自己。**别人的经验可以借鉴，但不要以他人为锚点，应该关注自己的长处与弱点，扬长避短，平静向前。**

更能理解老板了

能在工作中更自信、更平静地审视自我与公司之间的关系，以上种种概括起来，大概就是范仲淹说的"不以物喜，不以己悲"吧。

让我自己都有一点震惊的是，我原以为需要相当长的一段时间去重新适应职场中各种有形的、无形的条条框框，以及各种明文的、潜在的职场规则，可事实上，再次入职的我，反而比以前的我更能接受这些条条框框和规则了。

我想，这些所谓的"职场条条框框"恐怕就是上班族要付出的某种代价吧。其实所有的选择都有代价，只不过有一些代价比较明显，比如，这些让人头疼的人际关系、各种汇报等条条框框，而有一些代价并不显性，要亲身体会后才能逐步有所觉察与感受。

重回职场后，我确实觉得各方面都轻松了很多，无论是事情的难度还是精神的压力。而且跟创业的焦头烂额相比，现在每个月有了更加稳定的收入，而那些所谓的条条框框与职场规则，只是我要为此付出的代价而已。这些代价一直都在，只不过在初入职场时，我并未付出过更大的代价，承受过与之相比更大的痛苦，因此这些代价在我眼里才会显得如此"扎眼"。

创业是礼物，一份稳定的职场工作也是礼物，如今我似乎更能理解"命运所给予的每件礼物以及它们背后并未明示的价格"这句话的含义了。

除此之外，还有一个与之前很大的不同。我虽然是一个打工人，但是从内心深处更能理解老板了，有两个小例子让我深有感触。

第一个例子是，另一个公司的高管朋友跟我抱怨说他们CEO经常想一出是一出，朝令夕改，甚至每天都在研究一些与主业毫不相关的、莫名其妙的业务，更过分的是最近竟然开始抓高管的考勤了，真是令人崩溃。

他们公司虽然没上市，但也算大型公司。我一边安慰她一边想：这不就是我创业时感受的超级放大版吗？一方面，我没想清楚到底该往哪儿走，于是东看看西看看，渴望改变又想赢怕输，所以朝令夕改，拿不准主意；另一方面，就拿抓考勤这件事来说，我相信能做到这种公司规模的 CEO 一定不傻，他也一定知道抓考勤对业绩增长不仅没用，还会引来员工的一阵怨怼，但他仍然选择这么做，为什么？不是因为他变傻了，也不是因为他变刻薄了，只是因为他变得更加焦虑了。

"抓考勤"只是他缓解焦虑的一个动作，虽然这个动作无法改变他对业务的焦虑感，但他看着员工，特别是高管们不再准点下班，而是在公司加班，哪怕只是表演加班，某种程度上也能从感性上缓解他的焦虑，仿佛他不再是一个人在焦虑、在战斗。

这听起来有些不可思议，甚至有些愚蠢，但人性真的就是这样。这也让我想起当年我焦虑到无法正常思考时，我会选择不管三七二十一先裁员，裁完之后再说，裁完我才能冷静，哪怕再招人也行，这听起来也很愚蠢，但确实有用。

第二个例子是，有一位 B 轮融资的教育公司 CEO 朋友找我聊怎么在某媒体平台售课。他一上来就说，自己和团队在过去的一年里做得非常不好，只在这个平台取得了××万元的营收，故而想找我聊聊我以前的经验。要是搁以前，我会单刀直入地开始分析他的产品，跟他讨论怎么做能更好，会直接切入战术本身的讨论。但这次，我多加了一个环节。我在跟他讨论具体的战术前，先肯定了他们过去一年多的成绩，当然我也不是忽悠他，我用一些真实的行业数据告诉他，别的教育机构营收和利润大概是什么水平，他们做的是细分类目不能和超级大品类比，作为细分类目的选手，他们已经做得非常不错了。

说到这里，我能明显感受到他的神态一下子就不一样了，连说话的音量都提高了不少，他反问道："真的吗？"我说："是真的，你们这么小的垂类，在没有亏钱获客的情况下，还能做到这样的规模确实非常不错了。"后来我们又聊了很多细节，这里就不展开了，但在后续谈话中，他的状态明显不一样了。

后来我回味与他的这段谈话，我不是故意宽慰他，而是想发自内心地肯定一下他们还不错的成绩，不希望他对自己有悲观的认知。

他已经不算初创公司的 CEO 了，创业好几年并在细分领域取得了不错的成绩，他的这个反应确实令我没想到，没想到他会一瞬间受到鼓舞。

这不禁让我感叹：无论是什么段位的创业者，来自外界的认可与信心都弥足珍贵。

决策的质量与稳定性

我在创业之前 8 年多的时间里，一直自诩是决策稳定性非常高的人，也就是无论在什么样的环境下，我在当前岗位上的决策质量都非常稳定。但我创业的这一年，决策质量参差不齐，而且经常朝令夕改。

我之前一直没搞明白为什么会这样，连我创业初期的员工也就是我以前的下属，都对我的变化感到诧异。时至今日，我重回职场已经小半年了，很神奇，我的"决策的质量与稳定性"重新恢复到了正常水平，不再总是犹豫踟蹰，不再朝令夕改。现如今，我再来思考当初这个问题，又有了一些不一样的深度与视角。

首先是决策的难度。

无论我在之前的公司做决策，还是在现在的公司做决策，与创业时不同的是，它更像是一个固定命题的求解。比如，把某个转化率提升一倍，怎么把一堆预算花得更有效率，怎么让这个活动曝光量有指数级的提升，大部分的难，是难在时间短、任务重、指标苛刻，但这终归只是把一元方程变成二元方程，该解还是能解的。

而在创业过程中的决策更像是开放性问题，像是在茫茫黑夜中找到一个笃定的方向，当我身处一号位时，可做决策的范围就变得更大。比如，我可以选择产品 A，也可以选择产品 B，也可以选择完全砍掉某个产品或渠道，或者只做某个渠道；甚至再极端一点，我可以不做宠物食品行业，可以中途易辙，完全换一个赛道。

我以前会想象，当我有如此巨大的权力时，决策起来应该会很爽，可事实上，当我可以决定一切事情时，反而变得很迷茫。也就是说，做决策需要的判断力的"辐射范围"与上班相比完全不同。如果说在公司上班像是在一个小区里找坐标的话，创业更像是在一个省里找到一个精准的坐标，在小区里大概率不会迷路，但放眼全省可就不一定了。

其次是决策所夹杂的情绪。

大部分人在职场中工作，只要你不是 CEO，无论你是高层还是中层管理者，做决策都只需要调动"逻辑+经验"。也就是说，只需要调动脑子里的知识、认知，结合当前已知的信息，做出更优的判断，这个决策过程完全不需要也不会涉及与情绪的斗争。

而作为创业者，每次做决策其实都是逻辑、经验、自信、风险、压力、情绪的综合自我博弈，特别像股市中的非理性决策，会强烈地受到自我情绪的影响甚至阻碍，这种情

绪简单概括就是：意愿上想赢怕输，动作上风险规避，欲望上总想越多越好，自信心又来回摇摆。

你仔细看看这几组词，是不是相互矛盾的？是不是异想天开的？是不是跟炒股、赌博等一系列非理性行为看起来很像？理性上我们都知道风险与收益一定成正比，但真的自己下场干的时候，就会被上面几组词反复摩搓。越是业务、现金流有困难，这样的情绪阻碍越是明显。

最后是决策所付出的代价。

这种决策代价的不同，也是最容易被忽视的。很多人没有意识到，当你在公司里"挥斥方遒"做决策时，爽的是你，但真正付出代价的是公司。这个项目要是干黄了，最多影响你的绩效，更糟糕一点最多丢掉工作，但公司付出的代价却是切实的。

但在创业过程中，你需要为自己的决策付出真金白银的代价。比如，当你决定在某个方向投入 20 万元时，在公司上班时，支付这 20 万元的是公司，但如果换成是你自己出资，对于这个方向的投入你还能如此笃定吗？你会不会徘徊、犹豫，甚至风险规避、心生恐惧？

这一年的创业经历让我深切地感受到，**当你真的 100% 掌握某个业务方向，并为之付出自己的真金白银时，才能体会到什么是真正的判断与决策。**

更进一步，我逐步意识到"能提建议"与"敢做决策"完完全全是两回事。我在上家公司工作时也会帮 CEO 做很多业务分析，经常会拿着一堆经营数据告诉他，建议缩一缩，甚至砍一砍，我当时觉得自己算得可明白了，让我非常困惑的是：数据都这么明显了，老板为什么迟迟不做决策呢？

等我自己坐了一号位之后才明白，"能提建议"与"敢做决策"难度完全不是一个量级的。在过去一年，我通过数据能"看明白"的事太多了，但我敢做的决策少之又少，因为无论是增还是减，是砍还是扩，是向东还是向西，都有巨大的实际成本与机会成本，真的到了那个位置上，那个节骨眼儿上，就会怂，就会忐忑，就会拖，就会想要"再看看"。

我前两天重看了一遍曹操和袁绍的终极之战——官渡之战，对于双方来说，都是走错一步满盘皆输，就得退出历史舞台。曹操和袁绍身边都有一大堆谋士献计献策，在关键时刻谋士之间往往还有分歧。

我以前把它当作武侠故事看，最近再看，深感袁绍和曹操决策质量之高，关键时刻敢于押注的魄力之大。从压力、情绪、逻辑、胆魄的角度去看曹操与袁绍的这场战役，才深感何谓真正的枭雄。——这恐怕也是从古至今，谋士一大

堆，枭雄少之又少的原因。

从这个角度看，虽然如今我做决策不再犹豫踟蹰，不再朝令夕改，但这并不来自我决策能力的突飞猛进，而是我所面对的决策难度、需要处理的情绪和我做每个决策所付出的代价与之前相比，完完全全低了不止一个量级。

如今我在现在的公司负责增长，带领还不错的团队，也有额度不小的预算。但与之前不同的是，我对这些可以控制的人、事、预算都有了更大的敬畏之心，我深知今天之所以能看起来"挥斥方遒"，其实是依赖于更顶层的人替我承担了更大的压力。

不仅是在工作中，推而广之，当我意识到付出的代价不一样，即使是同样一件事，判断与决策的难度也会有天壤之别时，在生活中面对朋友的困境、亲友的难关，我更多只是报以支持，而不再轻易给予建议或进行妄自的评判，因为此时，我在岸上，他在水里，我们的代价不尽相同。

04

向内觉察：我们与自由的距离

创业能让人更自由吗？

许多人创业的初衷是想更自由，即使无法实现财富自由，也可做到时间自由。坦率地讲，我创业的初始动力也或多或少有对于自由的预期，事实上，结合之前的介绍你们也一定能感受到，创业后我虽然物理时间是自由的，但心态和精神上是更加不自由的。

我以前对自由的理解就是时间和金钱上的绝对自由，说白了就是：想干吗就干吗，想不干吗就不干吗。很显然，这过于理想了，如果以财富和时间绝对自由为标准的话，能获得自由的人实在太少了。

如今我再重新审视"自由"这个命题时，除财富与时间的维度之外，又有了一个新的维度：自由不是一种状态，甚至不是一种结果，而是一种能力，一种深度自知、无畏向

前、与自己坦然共处的能力。

深度自知与内在计分卡

我与朋友们聊起这段创业经历时曾多次说道：创业前我是自信的，现在仍然是自信的。创业前的自信更像是某种无知的、狂妄的自信；现在的我依然是自信的，这种自信更加理性、有边界。我知道自己是谁，能搞定什么事，搞不定什么事；我也知道自己情绪的边界在哪里，什么样的事会冲破我的边界，我也知道突破自己的情绪边界后，我会有怎样的反应。

我好像能抽离另外一个第三人的视角，不断观察这个作为本体的我，如果说我是自己最好的朋友的话，我对好朋友的了解，经由创业的这一年，有了质的提升与改变。

巴菲特曾把人获得反馈的途径分为两种：外在计分卡、内在计分卡。外在计分卡是指我们的感受与外界的评价相关，我们在做某些事时，时常会关注别人如何看待我们、周遭给我们怎样的反馈。内在计分卡与此相反，我们会更关注自己，关注自己为什么要做这件事，以及自己是否能从中获得价值与快乐。

比如，当我写下这本书时，如果我的快乐来自预期这本书上市后，读者会有好评、销量会很不错，我就是一个外在计分卡驱动的人；相反，倘若我写下这些文字时，经由写作本身就获得了足够的快乐与满足，即使出版后无人问津也不会因此沮丧，我就是一个内在计分卡驱动的人。

如此看来，一个内在计分卡驱动的人，似乎更容易获得内心的平静，更容易拥有即使被别人讨厌也无所谓的勇气。而事实上，绝大多数人做不到完全不在意他人的眼光。平凡如我们，总是外在与内在计分卡交替生效，交错杂糅地影响着我们的生活与情绪，于是，对自己的"深度自知"就变得很重要。也就是说，我们即使做不到完全不在意他人的评价，也应该有某种自我觉知——在日常每一个情绪波动的节点，每一个觉得"不自由的当下"，不断地自我觉察与追问：我内心的涟漪究竟因何而起？在这样的觉察与追问中，不断剥离外在与内在计分卡，在深度自知中，解开某些困扰我们的疑虑，获得内心的自由与平静。

我知道做到这些并不容易，这也是为什么我把这一章的标题定为"我们与自由的距离"。距离是一个很妙的词，它代表着某种程度的修行。自由不是非黑即白的绝对状态，就像山间缠绕的晨雾，我们无法用刀锋劈开外在与内在的绝对界限。但随着时间的推移，在不断的自我觉察中，我们内心

珍视的价值刻度也许会渐渐显现出来。

场上没有别人

"场上没有别人"这句话我非常喜欢，第一次看到这句话是在一篇关于网球的文章中。

与其他运动教练可以在旁边实时指导，甚至按下暂停键不同，网球运动员需要独自上场。在比赛过程中，他们身边没有教练员，技术被对方压制了怎么办？心态崩溃了怎么办？这些都需要运动员在场上独自面对。

任何高水平的竞技比赛，球员之间的技术水平已经不相上下，在竞技场上的这几个小时，更多的是在与自己的心态战斗。我回想自己创业这一年的历程，很像是一场与自己的交手与较量，场上没有别人。

在如今内容与信息泛滥的时代，各种文章习惯于贩卖当下的焦虑，习惯于让我们"说走就走做自己"，好像自由必须是某种逃离，自由与当下都市中的一切似乎形成了某种对立。可是，诗与远方中就没有困顿与焦虑吗？我们似乎有一个想象中的自己、想象中的生活，似乎离开了工作，离开了应酬，离开了一切不喜欢的东西，就能成为想象中"真实的自己"，自由的空气就能扑面而来。可事实上，无论我们在人生的哪个场域内，场上都没有别人，自由也是一场自己与自己的游戏。

如果此刻你问我创业最大的收获，我丝毫不想提及那些判断力、专业技能的提升，我想告诉你的是，我能更真切地感受生活与生活中的自由了。无论我身处何时何地，场上都没有别人。

以前我也曾经向往，是否到了苍山洱海边生活就能更有诗意，如今我每天晚上从公司走回家，抬头一瞥就是或圆或缺的月亮，我能够真切地感受到此刻的月亮与苍山洱海边的别无二致；当我阅读文学历史时，我不再以上帝视角傲慢地审视书中人物的人生，而是好像真的能走进书里，走到他们的身边，置身于那个时代，感受他们的感受。生活中的一切突然变得平静、自由，甚至还有些许的诗意。改变的其实只我有自己。

无限的游戏

大学时曾看过一本生涩难懂的书——《有限与无限的游戏》，如今我才算是真的略微理解一二了。它说，有限游戏以在游戏中获胜为目的，无限游戏则是以让游戏能不断延续为目的。

我们的人生就是一场无限游戏，并不是要在与谁的攀比中获胜，而是要让这个"人生的游戏"不断地、有意义地循环下去。从这个视角看，如果不把创业看作一个独立的事件，而是看作这个无限游戏中的一环，就不能简单地以成功或失败、挣钱或赔钱这种单一视角来看待。它不再是一个"必须要赢在当下的游戏"，而是一个"积累的游戏"。

我们经由这样的积累，不断提升自己的判断力、感受力以及与自己相处的能力，不断拓展与认清自己的边界，不断以更加自知的、确定性的自我与不确定的世界共处，从而让这个无限的人生游戏能够更好地延续下去。

不仅是创业，人生中的许多事也应当如此。空洞地追问"生活的意义"对于提升生活的质量毫无益处，反而把我们日常生活中或好或坏、或保守或冒险的体验，看作无限游戏的一环，让人生的游戏能持续运转下去，度过我们注定独一无二的一生，可能这才是生活最好的意义。

写到这里，我想引用查理·芒格说过的一句话："怎么理解平静与自由呢，就是我不害怕任何事情的发生。"无论明天发生怎样的人祸天灾，都有足够的勇气面对，即使突然失去现在拥有的一切，也相信自己能坦然地与之共处。芒格描述的这种心态很令人动容，又给人以勇气。

如今，倘若要我重新聊一聊自由，我想，它不再是简单的财富或时间上的某种弹性，而是我能真的向内看，看见并接纳真实的自己，找到坚实的内在计分卡，在寻常生活中积蓄内心的能量，同时，不再害怕任何事情的发生，享受这个人生的无限游戏。

05

保持深情：何为过程，何为目的？

本书的最后一章我想跳开创业和职场本身，拉长一下时间周期，聊一聊过程与目的。

生活不是目的，你的经历和感受才是

有一部电影我印象非常深刻，叫作《三傻大闹宝莱坞》，这绝对是一部被名字耽误的好电影，我更喜欢它的英文片名 *3 idiots*，直译过来是"三个傻瓜"。

这部电影讲的是三个印度大学生进入了当时印度最好的大学，他们不循规蹈矩，质疑权威，质疑那些死记硬背的知识点是否就是学习的全貌，质疑以分数为标尺的这个跑道是否具有人生的唯一性，甚至质疑毕业后进入光鲜的企业、成为上流人士是否应该成为学习的目的。

这是一部在 2009 年上映的电影，不得不说，即使放到现在，电影中的很多理念仍然具有很强的前瞻性。

我在学生时代成绩一直很好，大学也进入了还不错的学校，其间，我在相当长的时间里并没有质疑过"高分 = 成就"的合理性或唯一性。不知是从大学的哪个阶段开始，我开始意识到成长并不是我读了什么大学、修了什么学位，也不是外界传授给我怎样的知识，成长是我如何在现实中运用知识本身，是我如何内化自身的经历与我所观察到的外部信息。

如果重新审视我的学生时代，我想那些分数本身只是一个阶段性的虚幻的灯塔，它是过程，不是目的。而我铭记于心的每一首诗，解出每一道题的过程，才是教育的目的。学生时代教育的目的不是那堆注定会被当作废纸卖掉的试卷，而是那些在我们未来漫长的人生里，不经意间抬头望月，就能想起古人的温暖的瞬间。

在我创业的艰难时刻，除了员工的支持、朋友的陪伴外，难以想象，对我慰藉最大的竟然是诗词和那些遥远的诗人——李白、杜甫、辛弃疾、李商隐……每当夜深人静时，我总是会翻阅他们的诗词，他们的人生仿佛夜空中的一幅幅画卷在我眼前徐徐展开。

金榜题名的高光、壮志难酬的遗憾组成了不一样的错落跌宕的人生，这些诗人饱含深情写下的词句，给了我莫大的温暖与慰藉。而10岁时在小学课堂上摇头晃脑的我绝对不会想到，这些童年的喜好与印记，竟然在20年后产生了如此遥远的共鸣。如果有时光穿梭的可能，我想告诉10岁的自己：分数不是目的，你此刻阅读的感受才是。

《三傻大闹宝莱坞》里有一句著名的台词："追求卓越，成功就会自然地找上门来。"虽然听起来像是鸡汤，但它似乎表达了某种过程与结果的反向关系。我们是在追求成为一个更好的人的过程中，事业和生活才慢慢变好的；而不是反过来觉得要等事业变好了，我们才能更好。

那些有意思的生活、成功的事业就像学生时代每张试卷的分数一样，看起来是目的，但其实只是在时间线上某种如灯塔般的标志。它们只是过程，真正的目的是这些体验、经历、认知、感受在我们身体里所产生的化学反应，是当下我们的真情实感，是能更好、更自洽、更松弛与自己相处的我们。

里格尔的名篇《布里格手记》里的一段话，我格外喜欢，原文是这样写的：

诗不是如人所想的感觉（感觉早就有了），——而是经验。

为一行诗，要看许多城市，许多人和物，要认识动物，要感受鸟儿如何飞翔，要知道小小的花朵以怎样的姿势在清晨开放。要回想未知之地的路，想起不期而来的邂逅和眼见其缓缓而至的离别——想起尚未启蒙的童年，想起受伤害的父母，他们想给你快乐，你却不理解（那是别人的快乐），想起孩子的病，它莫名地出现，有过那么多次深重的转变，想起那些静寂、压抑的小屋里的日子和海边的清晨，尤其是那片海。要想起海，想起在高空呼啸而过、随繁星飞走的旅夜——想起这一切，却还不够。

还得有回忆，回忆那许多个无与伦比的爱夜，回忆分娩的呼喊和睡着的产妇，她蜷缩着，轻柔而苍白。还要陪伴过将死者，要在那间开着窗的小屋里、在断断续续的喧嚷中，坐在死者身旁。有了回忆，却还不够。回忆多了，就必须学会忘记，一定要有很大的耐心，等它们再回来。因为回忆本身还不是。只有当回忆成为我们的血，成为眼神和姿势，只有当它们无以名状、再无法与我们分开，唯有如此，一行诗的第一个字才会在某个很罕见的时刻，在回忆的中心出现，从中走出来。

与《三傻大闹宝莱坞》的那句台词类似，它也表达了过程与结果的某种反向关系，只不过更为诗意。诗词不是刻意的雕琢，而是身体、感官、情绪有了更多维、更丰富的体验后，自然而然呼之欲出的结果。

除此之外，这段话读来也颇为温暖，好像在说我们经历的所有，无论好的还是坏的，无论微小的还是宏观的，仿佛都会以某种形式、某种感受在未来的某一刻回馈我们。

持续做一个深情的人

如果要给本书做一个收尾，我想说：于我而言，创业不是目的，它只是一段经历，一段或好或坏、或愉悦或辛苦的经历。

创业的结果就像小时候考试的分数，考得好固然值得庆贺，但与之相比，创业的经历本身似乎更像是目的。它像是在这个阶段我给自己打开的一扇窗，让我能更好地认知自己，更能理解自己与世界的多面性并与之相处。我也经由当下这些不同的体验，听到某些来自内心深处或是遥远时空缝隙里的声音，不断觉察到我是一个怎样的人，我能做成怎样的事，我想过怎样的生活，以及我愿意为之付出多大的代价。

少年时总喜欢追问生命的意义，如今我反而觉得生命本身没有意义，日复一日地活着便是意义。朋友，做一个深情的人吧，对世界、对周围的一切报以开放而深情的目光，觉察哪些是你人生的过程，哪些才是你真正在乎的目的。

少年时读哲学、诗词，总担心自己思想不够深刻、辞藻不够华丽，以至于表达不出对世界的热爱。现如今觉得，哲学、诗词中最朴素的道理，无非是教我们要认真地活着。

最后的最后，附上一首我写的小诗。在创业最煎熬的几个月里，在某个难以入睡的深夜，初夏微凉的风从窗户吹进来，我随手写下了它。虽说人生譬如朝露，可风抚万物，昼夜不歇。

清晨正在沉睡

白云躲在黑夜之后

微风从我身旁经过

又向西潜行

后 记

与自己局部和解

说实话，我从未想过这段经历能写成一本书。

这本书得以完成和出版，感谢我的出版经纪人汤曼莉老师。

我与汤老师结识于 2021 年，当时我们并未谈及出书，只是有一些关于内容的交流。2024 年上半年，汤老师突然找到我说，觉得我写的关于创业的文章真诚有料，问我是否考虑把这段经历撰写成书。

我接到邀请既开心又惶恐，一方面开心于自己的文字能被汤老师这样的资深出版人认可，另一方面又担心自己毕竟是毫无名气与流量的素人，我写的东西真的有人愿意看吗？

在沟通过程中，汤老师从专业人士的角度给了我极大的认可与鼓励，告诉我即使是现在书籍琳琅满目的时代，好内容依然是稀缺的，比流量更重要的是读者的口碑。与她沟通后，我确实树立了一些写作的信心，于是我答应试试看。我想，出书似乎与创业一样，与写作能力同样重要的，是作者写作的信心。

我们在多次探讨写作方向后，最终摒弃了以商业复盘为核心的书籍主线，而是以我真实的创业故事为主线，按时间线顺叙，较为完整地还原创业过程，并在此过程中融入我的成长、复盘与思考，希望在给读者分享真实创业体感的同时，带来一些关于创业、工作、生活不一样的视角与参考。

这本书我断断续续写了大半年的时间，写作的过程既是对过去自己的回顾，也像是对当下自己的考验。

在我重返职场后，这段创业经历像是被我装进了一个盒子，我把这个盒子封起来，存放于心底的某处。而在书写这本书的过程中，我不得不一遍又一遍地打开这个盒子，开始回忆甚至重新咀嚼创业过程中的点滴感受。

再次回忆起这段经历，我眼前浮现出在创业过程中给予我帮助与陪伴的诸多朋友，在此表达我的感谢：在生产与配方上给予我许多帮助的少勇和施总，我的两位初始员工潇潇和大维，告诫我不要太乐观的海涛，在创业之初就给予我大力支持的江泊，为我的办公场地提供无私支持的嘉树和家乐，提醒我结束是比开始更难命题的曹靖，以及在创业过程中给我灌了最多鸡汤并开导我的朝珺、伟杰、翊铭……

在本书的写作过程中，我时常会不自觉地想象，读者在看到这些文字时会对我有怎样的评判。比如，一开始我并不想透露我的利润额有多少（一个月不到 10 万元的净利润对于一个公司而言真是小到不值一提），我会不自觉地担心，读者会不会觉得我并没有做出太大的成就，从而觉得我的那些情绪、感受都过于矫情。

在读者没有评判我之前，我就先给自己来了一波自我评判。每当这个时候，我脑海中总会想起武则天无字碑的伟大与豁达，是非成败且由后人说去吧，这也多多少少给了我一些力量，让我敢于把自己更真实的创业经历坦然地叙述出来。

我也似乎借由创业与书写创业的过程，完成了与自己的局部和解。

好像从大学毕业起，我骨子里就有一种不服权威、想要向一切宣战，并觉得"这有什么了不起，我也能做到"的堂·吉诃德般的莽撞。而这一次的创业之旅，也像极了堂·吉诃德向真正骑士宣战的过程。与其说我追求创业的成功，不如说我在追求某种对自己的回答，我想真实地试试看自己到底行不行，能不能做好。

这次创业虽然算不上惨败，但却给我高傲的内心上了一堂生动的现实的商业课，我隐约感受到了自己能力与情绪的边界，对自己也有了更理性的认知与判断，从而达成了某种与自己的局部和解。没错，只是局部，因为在写下这些文字的此刻，我内心仍然有某种火焰，某种堂·吉诃德般"愚蠢骑士的火焰"，某种想要二次创造的火焰。

宋词中最令我叹息的一句是"欲买桂花同载酒，终不似，少年游"，想要买点桂花，带上美酒，与好友一同去江上泛舟，可如今的我们都没有了少年时那种豪迈的意气。我也时常提醒自己，这样的"少年意气"是人生最为珍贵的东西之一，如果它终将逝去，那种感受也值得被回味与铭记。

附 录

与读者的共振

本书的电子书先于纸质书出版，以下是在电子书平台被读者高标记的句子，在纸书出版前，我把它们摘录汇总于此，也算是与诸君的一次隔空共振。

自我认知篇

◎山本耀司说："'自己'这个东西是看不见的，撞上一些别的什么，反弹回来，才会了解'自己'。所以，跟很强的东西、可怕的东西、水准很高的东西相碰撞，然后才知道'自己'是什么，这才是自我。"

◎"运气"往往是弱者的借口、强者的谦辞。投资人总说"投资是认知的变现"，其实人脉与资源也是，你当下获得的一切，都是过去积累的变现。

◎乔布斯说，人生就是一个"连点成线"的过程。你不知道当下的哪些积累会对未来的哪件事有帮助，但努力地在当下的阶段提升自己，在每一次与他人的交流与沟通中都能展示良好的认知与专业水平，可能是年少的我们能做的积累与努力吧。

◎我一直觉得"努力"是一个被严重低估的品质，夸人聪明感觉很正常，夸别人努力总感觉怪怪的。虽然人与人之间多多少少有一些天赋差异，但在绝大多数情况下，努力才是放大优势、拿到结果、拉开差距的最大杠杆。

◎别人的经验可以借鉴，但不要以他人为锚点，关注自己的长处与弱点，扬长避短，平静向前。

营销与创业篇

◎创业教给我的第一堂课是要真的"下场干"，要成为业务型 CEO，要亲历每一个难点，不要想象，要真的理解它，然后解决它。高瞻远瞩很重要，成为业务标兵更重要。

◎有一个词叫"低效努力"，是说改变思维方式、行为路径通常要付出极大的"深度思考"上的努力，而绝大多数人更愿意沿着惯性的路子持续、低效地努力，觉得从 20 分的努力值做到 100 分的努力值，从睡 10 小时变成睡 5 小时就能成功，这就是低效努力。

◎做减法需要极大的定力、判断力与勇气——但这不是听一句话能铭记于心的道理，需要切身痛过才会幡然醒悟。

◎不要心存侥幸，要以最悲观的心态，做最乐观的努力。

◎创始人要保持好的能量状态，尽量减少由于不自信、恐惧、欲望、贪婪等负面情绪带来的影响。创业无异于运动员走上了竞技比赛的舞台，除了比拼硬实力外，状态才是最大的朋友与最危险的敌人。

◎对于绝大多数并不顺利的创业者来说，结束一定是比开始更加难的命题。

◎作为创业者，每次做决策都是逻辑、经验、自信、风险、压力、情绪的综合自我博弈，特别像股市中的非理性决策，会强烈地受到自我情绪的影响甚至阻碍，这种情绪简单概括就是：意愿上想赢怕输，动作上风险规避，欲望上总想越多越好、自信心又来回摇摆。

◎当你真的100%掌握某个业务方向，并为之付出自己真金白银的代价时，才能体会到什么是真正的判断与决策。

◎我自己做了一把手之后才明白，"能提建议"与"敢做决策"，难度完全不是一个量级的。在过去一年，我通过数据能"看明白"的事太多了，但我敢做的决策少之又少，因为无论是增还是减，砍还是扩，向东还是向西，都有巨大的实际成本与机会成本，真的到了那个位置上，那个节骨眼儿上，就会怂，就会忐忑，就会拖，就会想要"再看看"。

◎创业的开始往往取决于某些经验、判断和荷尔蒙，但什么时候应该结束创业，哪怕是最厉害的商学院也似乎从未聊到过这个话题。我们从小到大的人生中，所有的课程都是鼓励我们开始某种关系，开始某些尝试，但我们缺少对于"停止"的思考与教育。

◎创业最难的是尝试在黑暗中给自己画一个坐标，你不知道该从何下手，不知道自己的选择是否正确，甚至你会盯着黑暗中的某一个想要画上坐标的点，但却迟迟不敢下手真的把它画上去。

◎创业的本质是自己与自己的游戏。

人生篇

◎如今我再重新审视"自由"这个命题时，除了财富与时间的维度之外，又有了一个新的维度：自由不是一种状态，甚至不是一种结果，而是一种能力，一种深度自知、无畏向前，与自己坦然共处的能力。

◎人生它不是一个"必须赢在当下的游戏"，而是一个"积累的游戏"。我们通过这样的积累，不断提升自己的判断力、感受力，与自己相处的能力，不断拓展与认清自己的边界，不断以更加自知的、确定性的自我与不确定的世界共处，从而让这个无限的人生游戏能够更好地延续下去。

◎生活不是一个抽象的概念，它不是由一大段所谓的

"自由的时光"组成，而是由具体的、每天的细小事情组成，是由我们每时每刻的所思所想所虑组成。

◎《三傻大闹宝莱坞》里有一句著名的台词："追求卓越，成功就会自然地找上门来。"虽然听起来像是一句鸡汤，但它似乎表达了某种过程与结果的反向关系。我们是在追求成为一个更好的人的过程中，事业和生活才慢慢变好的；而不是反过来觉得要等事业变好了，我这个人才能更好。

◎少年时总喜欢追问生命的意义，如今我反而觉得生命本身没有意义，日复一日地活着便是意义。

◎少年时读哲学、诗词，总害怕自己思想不够深刻、辞藻不够华美，以至于表达不出对世界的热爱。现如今觉得，哲学、诗词中最朴素的道理，无非是教我们要认真地活着。

图书在版编目（CIP）数据

重返大厂：创业治好了我的上班焦虑／罗量著．
北京：中国青年出版社，2025.4. -- ISBN 978-7-5153-
7723-0

Ⅰ．F241.4

中国国家版本馆 CIP 数据核字第 2025ET0518 号

重返大厂：创业治好了我的上班焦虑
作　　者：罗量
责任编辑：刘　霜　邵明田
营销编辑：邵明田
出版发行：中国青年出版社
社　　址：北京市东城区东四十二条21号
网　　址：www.cyp.com.cn
编辑中心：010-57350508
营销中心：010-57350370
经　　销：新华书店
印　　刷：鸿博昊天科技有限公司
规　　格：880mm×1230mm　1/32
印　　张：7.25
字　　数：127 千字
版　　次：2025 年 4 月北京第 1 版
印　　次：2025 年 4 月北京第 1 次印刷
定　　价：58.00 元

如有印装质量问题，请凭购书发票与质检部联系调换
联系电话：010-57350337